Gerhard Schröder

# Klare Worte

Gerhard Schröder

# Klare Worte

Im Gespräch mit Georg Meck über Mut,
Macht und unsere Zukunft

HERDER

FREIBURG · BASEL · WIEN

MIX
Papier aus verantwor-
tungsvollen Quellen
FSC® C083411

© Verlag Herder GmbH, Freiburg im Breisgau 2014
Alle Rechte vorbehalten
www.herder.de

Satz: Barbara Herrmann, Freiburg
Herstellung: CPI books GmbH, Leck

Printed in Germany

ISBN 978-3-451-30760-7

# Inhalt

# Vorwort von Gerhard Schröder

Seit dem Ende meiner Kanzlerschaft sind nun zwei Legislaturperioden des Deutschen Bundestages vergangen – ein ausreichender Zeitraum, um Abstand zu gewinnen und Entwicklungen klarer zu beurteilen. Daher habe ich den Wunsch des Verlegers Manuel Herder, anlässlich meines 70. Geburtstages einen Gesprächsband zu veröffentlichen, als eine geeignete Gelegenheit begriffen, um Geschehenes einzuordnen, Aktuelles zu bewerten und Ausblicke vorzunehmen.

Mit Georg Meck saß mir ein Journalist gegenüber, der einer jüngeren Generation angehört und der, das war mir wichtig, zum Berliner Politikbetrieb einen größeren Abstand hat. Dies eröffnete die Möglichkeit, viele Fragen und Themen in einem anderen Licht zu betrachten.

Deutschland steht in den nächsten Jahren vor schwierigen Entscheidungen, die eine mutige Politik erfordern. Vieles ist in den vergangenen Jahren versäumt worden. Deutschland braucht eine konsequente Umsetzung und eine zeitgemäße Fortschreibung der Reformagenda, damit die größte Volkswirtschaft Europas in Zeiten globaler Umbrüche und einer europäischen Krise auch in Zukunft wettbewerbsfähig bleibt und Arbeitsplätze garantieren kann.

Auch die Europäische Union muss politisch und wirtschaftlich neue Wege einschlagen, damit unser Kontinent im 21. Jahrhundert eine führende Rolle zwischen den starken Mächten USA und China spielen kann. Gelingt uns das nicht, wird die Stimme Europas ungehört verhallen und damit verbunden der Einfluss Deutschlands in der Welt sinken.

Unserem Land kommt eine besondere Aufgabe in Europa zu. Deutschland ist mächtiger denn je in seiner Nachkriegsgeschichte. Das darf aber nicht dazu führen, dass sich Politik auf das bequeme Verteilen von Wohltaten beschränkt und die unbequemen Entscheidungen auf kommende Generationen abwälzt. Damit unser Land eine gute Zukunft hat, braucht es Reformen und eine Politik, die Mut zur Verantwortung zeigt.

Aus der stabilen wirtschaftlichen und politischen Lage unseres Landes, die nicht zuletzt auf die Reformagenda 2010 zurückzuführen ist, folgt aber auch eine große Verantwortung für Europa – eine Verantwortung, der wir mit Augenmaß gerecht werden müssen. Das betrifft nicht nur die Währungsunion, sondern auch die großen gesellschaftlichen Fragen: Wie können wir angesichts einer alternden Gesellschaft die Sozialsysteme gerecht und bezahlbar halten? Wie gelingt uns eine humane und integrationsorientierte Einwanderungspolitik? Wie können wir Kindern aus benachteiligten Familien einen sozialen Aufstieg ermöglichen? Wie sieht eine soziale und nachhaltige Energiepolitik aus?

Ich bin überzeugt: Veränderungen können in einer Demokratie nur in einem Streit um die besten Konzepte entstehen. Dazu sind öffentliche Auseinandersetzung, Widerspruch und klare Worte notwendig. So habe ich Politik immer verstanden. Zu diesem notwendigen öffentlichen Diskurs soll dieses Buch einen Beitrag leisten.

## Vorwort von Georg Meck

Den Tag, an dem Gerhard Schröder zum Bundeskanzler gewählt wurde, werde ich nie vergessen: Der 28. September 1998 veränderte meine Agenda. Nach einer durchgearbeiteten Nacht – in der Redaktion war das Sonderheft zum rot-grünen Wahlsieg zu stemmen – küsse ich zum ersten Mal die Kollegin, die bis heute meine Frau ist: Neue Liebe trifft auf Neue Mitte.

Schröders Einzug ins Kanzleramt fällt zusammen mit meinem Umzug von München nach Brüssel. Als EU-Korrespondent folge ich fortan, von Gipfel zu Gipfel, den Spuren des ersten Kanzlers einer rot-grünen Bundesregierung, der für manche Europäer irritierend selbstbewusst auftritt: Euro, Osterweiterung, Europas Verfassung sind seinerzeit die Themen, an sie knüpfen wir an, als wir uns für dieses Gesprächsbuch treffen. Um die großen Linien soll es gehen, um Deutschlands Stellung in der Welt, um Politik für das 21. Jahrhundert und nicht zuletzt um Leben und Werk des Staatsmannes, der jetzt wieder als „Herr Schröder" und nicht als „Herr Bundeskanzler" oder gar „Altkanzler" angeredet werden möchte. Mit säuselndem Pathos hatte er es noch nie so; Gerhard Schröder mochte es immer schon schlagfertig, leidenschaftlich, bisweilen polemisch. Jetzt, nach dem Abschied aus der aktiven Politik, muss er noch weniger Rücksichten nehmen.

Dieser Herr Schröder ist jetzt Bundeskanzler a. D., er hat in seinem neuen Leben auch mal das Pausenfrühstück für seinen Sohn zu besorgen, ihm obliegt regelmäßig der Einkauf für die Familie. „Mozzarella, Äpfel, Katzenfutter", steht dann auf seinem Zettel, und ganz unten: „viel Schokopudding" – der Zusatz stammt von der Tochter, die in den Ferien dem Papa im Büro Kartoffelsuppe mit Würstchen serviert.

Ein Dutzend Termine in Hannover, in der Kanzlei Schröders, sind für dieses Buchprojekt vereinbart, und es werden noch ein paar mehr im Laufe des Jahres 2013, in dem die SPD einen Wahlkampf vergeigt, während alle Welt das Jubiläum „Zehn Jahre Agenda 2010" feiert – Letzteres geht dem „Mann, der Deutschlands Wirtschaft rettete" (Wall Street Journal), runter wie nix.

Als Requisiten kommen für dieses Buch zum Einsatz: ein Aufnahmegerät, reichlich Kaffee, bisweilen eine Cohiba, mehr braucht es nicht. Als Kulisse grüßen von der Wand neben dem offenen Kamin die Porträtfotos sämtlicher Kanzler der Bundesrepublik Deutschland sowie daneben – in Übergröße – ein gezeichneter Otto von Bismarck. Es fehlt: Angela Merkel, Schröders Nachfolgerin. Sie muss warten, bis sie ihr Amt verliert, brummt der sein Kanzlerbrummen: „Da ist noch Platz, wenn sie nicht mehr Kanzlerin ist."

Wie es seiner SPD gelingen soll, nicht zu versauern als Juniorpartner der Großen Koalition, wie sie je wieder das Kanzleramt erobern könnte, dafür hat er kein vorgekochtes Rezept, ein paar Ideen aber schon: „Schlage die Trommel und fürchte dich nicht" (Heinrich Heine).

## KAPITEL 1

# Die Agenda 2010 und der Primat der Politik

*Herr Schröder, in der Reihe der sozialdemokratischen Kanzler steht Helmut Schmidt für das Effiziente, Technokratische, Willy Brandt für die Ostpolitik und „Mehr Demokratie wagen". Was ist der bleibende Kern Ihrer Ära?*

Das zu beurteilen will ich anderen überlassen. Professionelle Beobachter wissen jedenfalls zu würdigen, dass wir unser vereinigtes und damit wieder vollständig souveränes Land mit angemessenem Selbstbewusstsein auf seinen Platz in der Weltpolitik geführt haben. Und das Zweite ist die Agenda 2010, durchgesetzt gegen massive Widerstände und eine der Grundlagen dafür, dass wir besser durch die wirtschaftliche Krise von 2008/09 gekommen sind als andere Staaten in Europa. Diese beiden Handlungsfelder werden im späteren Urteil ganz sicher eine wichtige Rolle spielen. Hinzu kommt, dass Rot-Grün das Land innenpolitisch verändert hat.

*Zum Beispiel?*

In der Migrationsdebatte etwa. Heute spricht selbst die CDU von der Notwendigkeit der Einwanderung. All das musste hart erkämpft werden. Man durfte ja nicht mal sagen, dass Deutschland ein Einwanderungsland ist, obwohl wir Millionen Einwanderer im Land hatten. Dabei waren und sind wir in einer Situation, in der Einwanderung objektiv notwendig ist. Dass wir sie steuern, dass wir Kriterien festlegen müssen, ist klar. Wir können nicht nur die Wirtschaftsflüchtlinge aufnehmen, sondern müssen uns auch um die ökonomischen und wissenschaftlichen Eliten kümmern. Wir haben damals die Greencard eingeführt, um Computerexperten ins Land zu holen, die wir dringend brauchten. Es kamen fast 20.000 Menschen. Unsere Initiative wurde im nordrhein-westfälischen Wahlkampf von der CDU mit dem platten Slogan „Kinder statt Inder" bekämpft. Dass die Union sich heute als Integrationspartei präsentiert, zeugt von einem bemerkenswerten Sinneswandel. Er ist mindestens so spannend wie ihre Pirouette in der Atompolitik.

*Was ist denn Ihrer Meinung nach die Aufgabe einer zeitgemäßen Integrationspolitik?*

Zunächst einmal: Deutschland braucht Zuwanderung. Denn wir haben ein Demographieproblem, das nur mit Hilfe von Zuwanderern gelöst werden kann. Aber mehr und mehr Menschen verlassen unser Land wieder, gerade qualifizierte türkischstämmige Deutsche, die in der Türkei beste Aussichten haben, in Deutschland aber ebenso dringend benötigt werden. Zurzeit haben wir noch einen sogenannten Wanderungsüberschuss: Es bleiben mehr, als gehen. Aber das wird nicht reichen. Wissenschaftler haben errechnet, dass wir pro Jahr etwa 400.000 Zuwanderer brauchen, um unsere Wirtschaftskraft und unseren Lebensstandard halten zu können. Was ist zu tun? Erstens: Wir sollten dafür sorgen, dass sich bei uns ein entsprechendes Klima ausbreitet, das Zugewanderten das Gefühl gibt, willkommen zu sein. Wir müssen erklären: Wir sind ein Einwanderungsland. Wir brauchen die Zuwanderer nicht nur, wir wollen auch, dass sie zu uns kommen. Und wir sollten dann dafür sorgen, dass sie bleiben und nicht zurückkehren oder in andere Länder weiterwandern. Schon jetzt leben in Deutschland über sieben Millionen Menschen mit ausländischem Pass. Mehr als 16 Millionen Menschen haben einen Migrationshintergrund, ein Fünftel unserer Bevölkerung. Also stünde uns Gastfreundlichkeit gut zu Gesicht. Zweitens brauchen wir die doppelte Staatsbürgerschaft, damit niemand gezwungen ist, eine seiner Identitäten aufzugeben. Diese alte Forderung der SPD stieß bisher immer auf Ablehnung bei CDU und CSU. Es ist nun höchste Zeit, den Doppelpass einzuführen.

*Einen ersten Schritt hat die Große Koalition unternommen: Zumindest Kinder, die hier geboren werden, können problemlos zwei Pässe besitzen. Das betrifft vor allem Türken, aber auch Bosnier, Serben, Russen, Afghanen. Zufrieden?*

Wenn die Optionspflicht abgeschafft wird, ist dies ein wichtiger Schritt zur doppelten Staatsbürgerschaft – aber nur ein Zwischenschritt. Die Endstufe muss sein: die völlige Akzeptanz der doppelten Staatsangehörigkeit. Dass in der neuen Großen Koalition nicht gleich Nägel mit Köpfen gemacht worden sind, ist bedauerlich, aber man darf der Gegenseite, vor allem der CSU, vielleicht nicht sofort den zweiten Schritt zumuten. Die Bereitschaft muss sich ergeben. Und sie wird sich auch ergeben – aus politischen wie ökonomischen Gründen.

*Die lautesten Warner vor den Gefahren einer Überfrem-*
*dung sind zwei prominente Sozialdemokraten: Thilo*
*Sarrazin und Heinz Buschkowsky, der Bezirksbürger-*
*meister aus Berlin-Neukölln.*

Das sind Positionen der Vergangenheit, mit den aktuellen
Debatten in der Partei wie in der Gesellschaft haben diese
Ansichten nichts zu tun. Die SPD war immer die Partei für
Menschen, die an staatsbürgerliche Gleichheit und Gerechtigkeit geglaubt haben. Als Partei hat uns die Sarrazin-De-
batte außerordentlich geschadet. Immer mehr Migranten
haben gefragt: Warum sagt er das? Die SPD ist doch unsere
Partei. Daher war es ausgesprochen klug von Sigmar Gabriel, Aydan Özoguz zur Staatsministerin für Integration
zu machen – ein Novum: Zum ersten Mal ist im Bundes-
kabinett jemand mit Migrationshintergrund. Für die SPD
ist die Berufung von Frau Özoguz eine wichtige Rochade.
Sie ist sehr tüchtig, und ihre Arbeit ist für die SPD von besonderer Bedeutung, weil es noch immer so ist: Von den
Menschen türkischer Herkunft, die wählen dürfen, stimmt
die Mehrheit für die SPD.

*Lassen Sie uns zurückkommen zur Agenda: Wie viel von*
*dem Erfolg nehmen Sie für sich in Anspruch, dass*
*Deutschland wiedererstarkt und allseits bewundert aus*
*der Krise gekommen ist?*

Die Agenda 2010 allein war es nicht. Drei Dinge haben wir
besser gemacht als andere: Zum Ersten haben wir noch
eine sehr wettbewerbsfähige Industriestruktur, die sich sehen lassen kann und die einmalig in der Welt ist. Der An-

teil der Industrie an der wirtschaftlichen Leistung in Frankreich und Großbritannien liegt bei etwas über zehn Prozent, bei uns immer noch bei fast 25 Prozent. Und dann haben wir ein überlegenes System zum Aushandeln der Arbeitsbedingungen. Diese Sozialpartnerschaft von Arbeitgebern und Gewerkschaften funktioniert auch in der Krise. Ich habe großen Respekt davor, dass die Gewerkschaften während der Finanz- und Wirtschaftskrise 2008 und den nachfolgenden Verwerfungen gesagt haben: In Ordnung, wir akzeptieren Lohnzurückhaltung für eine gewisse Zeit, danach wollen wir unseren Anteil haben. Und der dritte Punkt waren dann unsere Strukturreformen.

*Um es ein für allemal zu klären: Das Label, der Name für die Reform stammt von Ihrer Frau, richtig?*

Das stimmt. Ich kam mit der Rede nach Hause und bat meine Frau, sie durchzusehen, vor allem sprachlich. Als Erstes hat sie den Titel der Rede in Angriff genommen. Sie sagte: Du brauchst einen Begriff, und den Namen muss man sich merken können. Und dann kam sie mit der Idee „Agenda 2010". Meine Leute fanden den Vorschlag viel zu abstrakt, zu kalt und zu technokratisch. Aber meine Frau hat mich überzeugt, und sie hat recht behalten. Nicht nur in Deutschland, sondern auch international wurde der Name rasch zu einem Gütesiegel. Auf die Agenda 2010 werde ich weltweit angesprochen, die kennt man in Paris, Seoul, Peking oder Washington. Jetzt diskutiert man über eine Agenda 2020 oder 2030. Das heißt, der Name war ein Glücksgriff, weit über die Kanzlerzeit hinaus.

*Bevor wir über eine „Agenda 2020" reden, mögen Sie kurz erzählen, wie es zur Agenda 2010 kam. Warum haben Sie gerade im Frühjahr 2003 die Sozialreformen angepackt?*

Die Debatte über Reformen lief ja schon länger. Wir hatten eine steigende Arbeitslosigkeit, alle Welt redete von einem Reformstau und von Deutschland als dem kranken Mann Europas. Wir haben als Bundesregierung versucht, gemeinsam mit den Sozialpartnern im „Bündnis für Arbeit" im Konsens zu Reformbeschlüssen zu kommen. Aber was hatten Arbeitgeber und Gewerkschaftsvorsitzende beizutragen? Sie kamen regelmäßig ins Kanzleramt, stellten Forderungen an die Regierung – und zwar gegensätzliche Forderungen – und erwarteten dann, dass wir ihre jeweiligen Wünsche erfüllten. Das verstanden sie unter einem Bündnis. Keiner von ihnen wollte etwas preisgeben, alle wollten ihre Interessen mit Hilfe der Regierung durchsetzen. Das haben wir uns mehr als drei Jahre angeschaut. Als sie dann immer noch blockierten, haben wir gesagt: Jetzt ist Schluss, jetzt machen wir es selber. Das war die Geburtsstunde der Agenda.

*Sie haben mit der Einführung von „Hartz IV" als Ersatz für die Sozialhilfe den Wohlfahrtsstaat umgekrempelt, den Arbeitsmarkt liberalisiert, dafür erfahren Sie heute international Lob und Respekt, daheim aber war ständig vom „Nachbessern" die Rede.*

Dieser abschätzige Gebrauch des Wortes „nachbessern" stört mich sehr, weil er im Kern demokratiefeindlich ist:

Sie müssen Politikern doch zugestehen, dass sie Fehler korrigieren. Angst haben müssen Sie vielmehr vor Regierungen, die behaupten, sie würden nie Fehler machen. Ich habe immer gesagt: Die Agenda 2010 sind nicht die Zehn Gebote. Und ich bin nicht Moses. Wenn Sie so ein komplexes Reformwerk wie die Agenda 2010 entwerfen, quasi am grünen Tisch, haben Sie eine Vorstellung, wie die Welt sich entwickelt. Wenn sich dann herausstellt, dass sich die Wirklichkeit an der Konzeption stößt, dann müssen Sie nachjustieren. Dann müssen Sie die Konzeption verändern dürfen, ohne sich anhören zu müssen: „Die bekommen ja nichts auf die Reihe." Das Nachbessern beinhaltet die Erkenntnis, dass man sich irren kann. Und gute Politik zeichnet sich dadurch aus, dass man auf nicht geplante und nicht planbare Auswirkungen angemessen reagiert. Das kann bei komplexen Reformvorhaben in hoch entwickelten, dynamischen Gesellschaften wie unserer ein langer, manchmal dauerhafter Prozess sein.

*Was waren aus Ihrer Sicht die unerwünschten Folgen der Agenda? Was ist zu korrigieren?*

Ein negativer Aspekt ist zum Beispiel, dass das Konzept der Leiharbeit missbraucht und ausgenutzt worden ist. Wenn in einigen Bereichen Dumpinglöhne gezahlt werden, dann ist es vernünftig und dient im Grunde der Absicherung des Reformprozesses, dass man über einen Mindestlohn gegensteuert. Oder wenn sich herausstellt, dass sich die Reform negativ auf Alleinerziehende auswirkt, muss man sich über Korrekturen unterhalten und die dann auch ins Werk setzen.

*Für einen Mindestlohn sind inzwischen ja fast alle: Die FDP als der letzte, zumindest halbherzige Gegner ist nicht mehr im Parlament vertreten. Union und SPD haben einen flächendeckenden gesetzlichen Mindestlohn von 8,50 Euro die Stunde beschlossen – ungeachtet möglicher schädlicher Nebenwirkungen.*

Diese Schlachten sind doch geschlagen! In der Debatte wurde lange übersehen, dass wir fast überall in Europa Mindestlöhne haben – und nicht eingetreten ist, wovor Arbeitgeber und Neoliberale immer gewarnt haben: Der Mindestlohn ist kein Arbeitsplatzvernichtungsprogramm, sondern es ist eine Frage der Gerechtigkeit, ja der Legitimation des politisch-sozialen Systems, die Menschen vor Dumpinglöhnen zu schützen. Ein gesetzlicher Mindestlohn von 8,50 Euro ist der Versuch, dass die Leute von ihrer Hände und Köpfe Arbeit auch leben können und der Staat nicht gezwungen wird, mickrige Löhne über das Aufstocken auszugleichen. Wenn es so ist, dass Menschen hart arbeiten – etwa in Gaststätten oder in der Fleischverarbeitung –, aber Löhne von nur vier bis fünf Euro in der Stunde bekommen und davon nicht leben können, dann ist das nicht nur ungerecht und unsozial, sondern es stellt auch die Demokratie in Frage. Das kann hier niemand wollen, und deswegen ist die Agenda als Reformwerk ein fortwährender Prozess.

*Sie geben aber nicht klein bei gegenüber denen, gerade in der SPD, die das Rad am liebsten komplett zurückdrehen wollen?*

Nein, ganz im Gegenteil. Die Agenda hat etwas für Deutschland gebracht. Nicht zuletzt haben wir bewiesen, dass unser Land reformfähig ist. Nicht alle Strukturen sind so verkrustet, dass Reformen unmöglich sind. Das ist auch ein Erfolg der Agenda. Vielleicht mindestens so wichtig wie die einzelnen Wirkungen, die die Reformen entfaltet haben, war das dahinterstehende Menschenbild. Der wichtige Punkt ist die Philosophie: das, was wir „Fordern und Fördern" genannt haben. „Fördern" heißt die Menschen qualifizieren, heißt lebenslanges Lernen, heißt aber auch die Bereitschaft der staatlichen Institutionen, dann Hilfestellung zu geben, wenn der Einzelne nicht in der Lage ist, sich aus eigener Kraft zu helfen. Selbstverständlich ist ein Grundsatz von den Reformen unangetastet geblieben: Der Staat gibt in Situationen, wo Bedürftige zu jung, zu alt, krank oder arbeitslos sind, Hilfestellung für ein selbstbestimmtes Leben. Dem gegenüber steht das „Fordern", das durch die Reformen verstärkt worden ist: Jeder Mensch muss zunächst das ihm Mögliche selber tun, bevor die Gemeinschaft hilft. Das hat nach meiner Überzeugung mit der Würde des Menschen zu tun. Es ist unwürdig und bevormundend, den Menschen zu signalisieren: Egal, ob ihr eigene Anstrengungen entfaltet oder nicht, der Staat wird schon für euch sorgen. Das geht schief, wie wir wissen. Die Politik des „Forderns und Förderns" ist für mich immer ureigenes sozialdemokratisches Gedankengut gewesen.

*Für Leute wie Sahra Wagenknecht, aber auch für Linke in Ihrer Partei haben Sie die sozialdemokratische Idee mit der Agenda auf einen neoliberalen Irrweg geführt. In einem so reichen Land muss das Vermögen nur um-*

*verteilt werden, dann ist genug für alle da, lautet deren Propaganda.*

Das sind doch nur Schlagworte. Ich halte diese Kritik an der Agenda für völlig überzogen. Fehlentwicklungen müssen korrigiert werden, das Prinzip aber war richtig und es muss auch beibehalten werden. Es ist ja nicht so, dass wir weniger Herausforderungen hätten in der Zukunft. Denken Sie nur an den demographischen Wandel, die Qualifizierung von Menschen mit Migrationshintergrund, anstehende Investitionen in die Infrastruktur, den Reformbedarf im Gesundheitswesen, wo sich ein Missverhältnis zwischen Kosten und Leistung entwickelt hat.

*Ärzte berichten, dass auch bei uns klammheimlich rationiert wird. Man überlegt, wie viel Zeit und Geld für welchen Patienten einzusetzen ist – was ethisch fragwürdig ist. Wie kann man das ändern?*

Das ist nicht akzeptabel. Mag sein, dass in Kliniken zu viel operiert wird, das kann ich nicht beurteilen. Aber zu sagen: Wenn du zu alt bist, dann lohnt sich ein neues Hüftgelenk nicht mehr – diese Diskussion sollte man erst gar nicht aufkommen lassen. Sie ist ethisch nicht durchzuhalten. Denn wo wollen wir als Gesellschaft die Grenze ziehen, und vor allen Dingen: Wer zieht sie? Wenn der Arzt sagt: Das ist medizinisch geboten, kann doch die Krankenkasse nicht sagen: „Aber du bist zu alt, nun leb mal weiter mit den Schmerzen und der eingeschränkten Beweglichkeit." Das geht nicht.

*Wie lange werden wir künftig arbeiten müssen? Auf jeden Fall bis 67? Oder noch länger?*

Bis 67 Jahre mindestens, wahrscheinlich noch länger. Auf längere Sicht werden wir eher eine Diskussion über eine erneute Verlängerung bekommen als darüber, die Grenze wieder herabzusetzen. Die Rente mit 67 Jahren, von uns vorbereitet und vom damaligen Arbeitsminister Franz Müntefering 2008 durchgesetzt, halte ich nach wie vor für vernünftig. Die Bevölkerungsentwicklung ist ja unser Hauptproblem. Es gibt zu wenig Berufstätige, die mit ihren Beiträgen für die immer größer werdende Gruppe der Rentner aufkommen können. 1960 kamen fast sechs Beschäftigte auf einen Rentner. Zurzeit ist das Verhältnis 3:1, und im Jahr 2030 werden wir voraussichtlich zwei Erwerbsfähige pro Rentner haben. Und dann wird sehr viel Geld in der Rentenkasse fehlen. Wir sollten auch sehen: Es gibt bereits positive Folgen der Rentenreformen. Jüngste Untersuchungen zeigen, dass die Beschäftigung Älterer signifikant zugenommen hat. Das hat natürlich mit dem Arbeitskräftebedarf zu tun. In dem Maße, wie ein Arbeitskräftemangel, insbesondere bei Fachleuten, evident wird, wird sich die Frage der Beschäftigung älterer Menschen, die arbeiten können und wollen, neu stellen. Dass man da nach Berufen und Belastungen differenzieren muss, ist ja selbstverständlich. Das wird aber auch geschehen.

*Wenn Sie sagen: Mehr Ältere arbeiten heute, lässt sich das in zwei Richtungen deuten. Erstens: Die wollen es, und es gibt eine Nachfrage. Die zweite, weniger schöne Deutung lautet: Die Altersarmut nimmt zu, die Leute sind von der Not gezwungen, länger zu arbeiten. Was glauben Sie: Wie groß ist die Lust, auch im Alter zu arbeiten?*

Man muss da sicher differenzieren. Je nachdem, wie das Arbeitsleben war, wird es Unterschiede geben. Wer sein Leben lang – 40, 45 Jahre – auf dem Bau gearbeitet hat, der ist früher kaputt als derjenige, der in einem Anwaltsbüro gesessen hat oder auch in einer Behörde. Ich glaube, es wird generell mehr Ältere in Arbeit geben. Erstens weil die Menschen es wollen. Und zweitens weil es einen objektiven Bedarf an qualifizierten Älteren gibt, deren Fähigkeiten gebraucht werden und deren Berufserfahrung ja auch ökonomisch nutzbar gemacht werden kann. Wenn ein qualifizierter Meister über die Grenze von 65 oder dann 67 Jahren hinaus arbeiten will und kann, warum denn nicht?

*Was sagen Sie eigentlich zu Edmund Stoiber als angeblichem Agenda-Erfinder? Der CSU-Politiker, 2002 Ihnen knapp als Kanzlerkandidat unterlegen, nimmt heute für sich in Anspruch, Sie erst zur Agenda getrieben zu haben: Nur weil er Sie so in die Bredouille gebracht hat, konnten Sie nicht anders, als Reformen anzupacken, hat er argumentiert.*

Ach, wissen Sie, wir haben heute ein geklärtes Verhältnis zueinander, ich schätze Edmund Stoiber persönlich sehr. Mit der Äußerung zeigt er, dass er durchaus dialektisch denken kann. Das muss er irgendwo gelernt haben; vielleicht bei Hegel, wenn nicht gar bei Marx.

*Wie entfesselt ist der Kapitalismus heute aus Ihrer Sicht? Wer hat das Sagen: die Märkte oder die Politik? Man muss sich entscheiden zwischen Demokratie und Kapitalismus, hat Jakob Augstein geschrieben. Und Sigmar Gabriel fordert demokratiekonforme Märkte.*

Ich glaube, dass Gesellschaften wie unsere eine Machtbalance gefunden haben, die eine Dominanz des Marktes über die Demokratie verhindert. Ein Beispiel dafür ist der Atomkonsens aus dem Jahr 2000, ausgehandelt zwischen uns als Regierung und den Energiekonzernen. Deswegen würde ich nie sagen, dass die Politik wegen der Kapitalinteressen handlungsunfähig geworden sei.

*Am Ende aber entscheiden Konzerne, wo sie ihren Sitz hinverlegen, welche Fabrik sie schließen – da hat die Politik sich zu bescheiden.*

Im Kapitalismus ist es nun mal so, dass über solche Fragen das Kapital entscheidet: zum Beispiel über die Frage, wer entlassen und wer eingestellt wird, welche Investitionen es gibt und welche nicht. Wenn Politik aber von vornherein Angst hat, gegen Kapitalinteressen zu verstoßen, dann funktioniert die Balance nicht mehr. Im Dialog kann Politik durchaus etwas bewegen.

*Die von Ihnen angesprochene „Balance" ist dem linken Spektrum, auch in der SPD, nicht genug, die Märkte sollen gebändigt werden ...*

Es ist ein großer Irrtum zu glauben, dass die Kernklientel der SPD ein Interesse daran hätte, die Wirtschaft zu strangulieren. Es gibt eine uralte Erfahrung, welche die aufgeklärte Arbeiterbewegung gemacht hat, und die heißt: „Wenn es der Wirtschaft gut geht, fällt für uns Arbeitnehmer am meisten ab, dann können wir unsere Interessen am ehesten durchsetzen. Wenn es der Wirtschaft schlecht geht, dann können Gewerkschaften und SPD uns schützen, aber nie umfassend." Deswegen sind Sozialdemokraten und Gewerkschaften viel mehr, als man glaubt, an einer Machtbalance interessiert als am Konflikt mit dem Kapital. In dem Maße freilich, in dem sich die Entscheidungen in der Wirtschaft internationalisieren, muss auch die Politik sich internationalisieren. Deswegen war der Anspruch der G 20 – der Gruppe der zwanzig wichtigsten Industrie- und Schwellenländer –, formuliert im Jahr 2009 auf den Gipfeln in London und später in Philadelphia, richtig und wichtig: Die Politik muss sich gegen das hochkonzentrierte Finanzkapital durchsetzen und die Entscheidungsgewalt zurückerobern. Leider ist dieser Ansatz gescheitert.

*Wer trägt dafür die Schuld?*

Vor allen Dingen das Nichtwollen in Washington und London – aus Rücksicht auf die Börsenplätze Wall Street und City. Auf der internationalen Ebene gibt es eindeutige Defizite der Politik, sich gegenüber dem Finanzkapital durchzusetzen.

*Dabei klagen die Banker, wie sehr sie von der Politik in die Mangel genommen werden.*

Auch in der Finanzindustrie wachsen die Bäume nicht in den Himmel, zum Glück. Da dürfen die Banker ruhig mal aufjaulen. Die harten Reaktionen der Politik werden erzwungen von Menschen, die negative Erfahrungen mit dieser Form des Wirtschaftens gemacht haben. So kommt es, dass die EU-Kommission sagt: Wir kümmern uns jetzt mal um die Bonus-Systeme, wir kümmern uns um die Frage, wie wir ein Trennbankensystem einführen. Selbst die Amerikaner üben heftig Kritik, wenn man sich nur einmal anschaut, was Paul Volcker gesagt hat …

*Der ehemalige Notenbankchef und Obama-Berater Paul Volcker hat den Bankern in einer Art Wutrede vorgehalten, dass der Geldautomat ihre letzte sinnvolle Innovation war, und die Zerschlagung von Großbanken gefordert …*

… das lässt sich doch hören! Auch da zeigt sich, dass die Vorstellung, das Kapital könne alles alleine bestimmen, falsch ist, zumal nicht nur die etablierte Politik reagiert hat, sondern auch die Leute auf der Straße.

*Die Occupy-Bewegung tanzte eine Saison, inzwischen ist der Protest ziemlich verpufft.*

Glauben Sie das wirklich? Der Protest schafft ein Bewusstsein, das immer wieder aufbrechen kann. Solche Graswurzelbewegungen haben durchaus ihren Sinn und führen dazu, dass Politik sich Schritt für Schritt wieder Terrain erkämpfen muss.

*Erst mal hat die Politik Abermilliarden für Rettungsein-*
*sätze im Bankenviertel ausgegeben.*

Vielleicht hat man tatsächlich zu viel Vertrauen in die Finanzwirtschaft gehabt. Wer reale Güter produziert, der geht anders an die Dinge heran, der weiß: Wenn er es nicht verkaufen kann, geht sein Laden pleite. Deswegen muss im Zuge der Bankenunion dringend ein Abwicklungssystem für Banken her: Die müssen verstehen, dass sie mit ihrem riskanten Treiben die eigenen Unternehmen, im schlimmsten Fall die Volkswirtschaft und damit Staat und Gesellschaft ruinieren: „Too big to fail" – das kann nicht das Ende der Debatte sein.

*Maßgeblichen Finanzleuten geht der Machtanspruch der*
*Politik gewaltig auf die Nerven: Die Finanzkrise war ein*
*Notfall, sagt zum Beispiel ein führender Frankfurter*
*Banker, da war der Staat nötig als Chirurg, jetzt soll er*
*sich zurückziehen und nicht auch noch anfangen, mit*
*Schönheitsoperationen rumzuschnippeln.*

Reden die wirklich so?

*Durchaus.*

Dann geht das für meinen Geschmack doch sehr weit – nach allem, was vorgefallen ist, nach massivem Fehlverhalten in der Bankenwelt. Wenn eine Branche solche Verwerfungen zu verantworten hat, dann rate ich doch zu mehr Bescheidenheit. Da geht es nicht um Schönheitsreparaturen, da geht es um grundlegende Veränderungen.

Die Politik hat ein Recht und sogar die Pflicht, sich einzumischen.

*Die Ökonomen hantieren gerne mit dem „homo oeconomicus": Wie stehen Sie zu diesem Bild vom Menschen, der seinen Nutzen maximiert und auf den eigenen Vorteil aus ist und für den Solidarität nicht viel zählt? Trifft das Ihre Erfahrung der Wirklichkeit?*

Nein. Die Vorstellung, es gebe nur die Raffgierigen, ist falsch. Schauen Sie sich das Ehrenamt an: All die Übungsleiter in kleinen Fußballvereinen, die Freiwilligen Feuerwehren, die Leute, die sich um hilfsbedürftige ältere Menschen kümmern. Dieser Aspekt gesellschaftlichen Zusammenlebens ist Realität.

*Sie sehen nicht, dass die ganze Gesellschaft sich nur ums Geld dreht, wie so oft beklagt wird?*

Sicher, es gibt Tendenzen der Ökonomisierung, aber es gibt auch die Gegenbewegung. Junge Menschen, die sich in Umwelt- und Dritte-Welt-Gruppen engagieren, die auf Kirchentagen diskutieren. Gerade in den Kirchen gibt es viele, die sich stark engagieren.

*Das angebliche Diktat der Ökonomie ist also eine Schimäre?*

Das ist übertrieben, mit der These lassen sich flotte Bücher schreiben. Mit dem, was ich auch in meinem persönlichen Lebensumfeld wahrnehme, hat das wenig zu tun. Durchökonomisiert ist die Gesellschaft nicht. Im Gegenteil. Die Menschen in den entwickelten Industriegesellschaften haben ein Maß an Freiheit und auch an freier Zeit, von dem frühere Generationen nur träumen konnten. Ob sie alle mit diesen Freiheiten und dieser Zeit sinnvoll umgehen, ist eine andere Frage. Aber da kann man nicht einfach von einem Diktat der Ökonomie reden.

*Die Stimmung scheint mir trotzdem eine andere: Der amerikanische Philosoph Michael Sandel hat einen Bestseller gelandet mit der Klage, dass der Markt alle Lebensbereiche infiltriert ...*

... mich sorgt eher eine andere Entwicklung. Das mag jetzt konservativ klingen, aber mir macht Sorge, dass bestimmte gesellschaftliche, auch gesetzliche Regeln nicht mehr eingehalten werden. Wenn ich zum Beispiel „Kampfradler" und rücksichtslose Hundehalter erlebe, macht mich das wütend. Da offenbart sich ein Mangel an Respekt vor der Freiheit des anderen, gerade vor den Schwächsten in der Gesellschaft, und das sind die Kinder.

## KAPITEL 2
# Europa und der Euro

*Herr Schröder, lassen Sie uns über Europa reden. Erinnern Sie sich noch an Ihren ersten EU-Gipfel als Bundeskanzler?*

Der erste Gipfel war der Europäische Rat in Wien im Dezember 1998. Da wird man von den anderen Staats- und Regierungschefs freundlich begrüßt, und natürlich wartet man erst mal ab, was passiert. Aber gleich darauf kam im ersten Halbjahr 1999 die deutsche EU-Ratspräsidentschaft, außerdem noch der Vorsitz in der Gruppe der führenden Wirtschaftsnationen (G 8). Im Vorfeld des ersten Gipfels unter meinem Vorsitz gab es ein Gespräch mit Frankreichs Staatspräsident Jacques Chirac auf dem Petersberg in Bonn. Selbstverständlich habe ich ihn mit „Herr Präsident" begrüßt, dann guckt er mich an und sagt: „Gerhard, das will ich dir sagen, auf dieser Ebene duzt man einander und spricht sich mit dem Vornamen an." Und das haben wir dann so gemacht.

*Bevor Sie ins Amt kamen, sprachen Sie vom Euro als „kränkelnder Frühgeburt" – fühlen Sie sich im Nachhinein bestätigt? Die Probleme in einem einheitlichen Währungsgebiet mit unterschiedlich starken Volkswirtschaften treten inzwischen offen zutage.*

Dieser Satz, gesagt damals in der „Bild"-Zeitung, bezog sich auf den grundlegenden Strukturfehler dieser Währungsunion. Es gibt ja die sogenannte Krönungstheorie, die besagt, dass die gemeinsame Währung die Krönung der europäischen Integration sei. Erst die politische Union, dann der Euro. Idealtypisch ist das richtig, wie sich jetzt zeigt: Wir können im gemeinsamen Währungsraum die Geldpolitik über die Europäische Zentralbank koordinieren, sind aber nicht in der Lage, die Finanz- und Wirtschaftspolitik zu koordinieren. Das ist aber die Voraussetzung, damit der Euro seine Stärken ausspielen kann.

Fairerweise muss man sagen, dass es bei der Schaffung des Euro zwei unterschiedliche Vorstellungen gab: einerseits die von Frankreichs Präsident François Mitterrand und andererseits die von Bundeskanzler Helmut Kohl. Mitterrand, der ein sehr kluger Mann war, hatte die Idee, dass er über eine Gemeinschaftswährung die Stärke der deutschen Volkswirtschaft und damit verbunden die politische Macht des wiedervereinigten Deutschlands einbinden und damit in gewisser Weise kontrollieren könne. Die Wiedervereinigung hatte in ihm die Sorge geweckt, Deutschland könne über kurz oder lang Europa und damit eben auch Frankreich dominieren – daher sein Gedanke: Mehr Europa. Eine Vorstellung, die richtig war und gegen die Kohl als glühender Europäer auch nichts einzuwenden hatte. Dass die Franzosen damit auch das erstarkende Deutschland eindämmen wollten, hat ihn nicht irritiert. Denn Kohl war schon immer der Auffassung, dass die Bundesrepublik in einem voll integrierten Europa gut aufgehoben sei. Für die ungehinderte Entwicklung der exportorientierten deutschen Wirtschaft sind ja kaum bessere

Rahmenbedingungen vorstellbar. Auch deshalb hat Kohl, die Krönungstheorie im Hinterkopf, dem Euro mit der Vorstellung zugestimmt: Dann machen wir den zweiten Schritt vor dem ersten; die gemeinsame Währung wird dann schon die politische Union erzwingen.

*Ganz abgesehen von der Frage, ob das deutsche Volk dies wirklich wollte: Die Politische Union harrt noch immer der Vollendung.*

Richtig. Kohl hat sie nicht liefern können, ich habe sie auch nicht liefern können, keiner hat sie bis heute liefern können. Wir haben das zu meiner Amtszeit mit der Europäischen Verfassung versucht, sind aber mit diesem Projekt gescheitert. Nach dem Zerfall des Eisernen Vorhangs in Europa begann eine andere Frage die europäische Szenerie zu dominieren: Wie können wir diese einmalige Chance nutzen und die ehemaligen Ostblockstaaten in die EU integrieren? Diese Frage hat die Debatten der Europäer bis zum Jahr 2004 dominiert. Das musste auch so sein, denn es wäre ein schrecklicher historischer Irrtum gewesen, wenn man diese Chance der Osterweiterung und der endgültigen Überwindung der Spaltung Europas nicht ergriffen hätte. Nur ist durch diese Erweiterung der EU ihre weitere Vertiefung unter die Räder gekommen. Ich weiß noch genau, wie viel politische Energie und welche enormen finanziellen Ressourcen wir aufgewendet haben, um zum Beispiel Polen in die EU zu bekommen. Der polnische Premierminister Leszek Miller sagte mir damals: „Das bekomme ich in einer Volksabstimmung nur geregelt, wenn ich unseren Landwirten etwas anbieten kann, und ihr Deutschen seid die Einzigen, die uns dabei politisch und finanziell unterstützen können."

*Sie haben bezahlt?*

Ja, haben wir. Unvorstellbar, dass der EU-Beitritt Polens ausgerechnet an mangelnder deutscher Unterstützung gescheitert wäre – vor dem Hintergrund unserer gemeinsamen wechselvollen Geschichte. Das ging nicht. Interessant ist nun: Europas Krise, die als Währungskrise wahrgenommen wird, die aber in Wirklichkeit eine politische Krise ist, erfordert jetzt den Schritt, der Helmut Kohl vorschwebte: die politische Union, und damit eine Koordination der Finanz- und Wirtschaftspolitik, wie sie namentlich Jacques Delors, der EU-Kommissionspräsident der Jahre 1985 bis 1995, immer wollte. Merkwürdigerweise ist dies bislang an den deutschen Konservativen und Liberalen gescheitert. Für sie war eine Wirtschaftsregierung stets des Teufels, während die Franzosen sie konsequent gefordert haben. Es ist schon eine Ironie der Geschichte, dass ausgerechnet diejenigen, die immer gegen die Wirtschaftsregierung waren, jetzt dafür sein müssen, weil sie den Euro dauerhaft stabilisieren wollen. Man darf gespannt sein, wie die Kanzlerin und die Union diesen Widerspruch auflösen werden.

*Und es erklärt das Aufkommen der euro-rebellischen „Alternative für Deutschland", die nur knapp den Sprung in den Bundestag verpasst hat ...*

... so ist es. Anders als für diese Leute bleiben für mich allerdings die vereinbarten Schritte richtig und wichtig. Sie müssen im Zuge einer intensivierten europäischen Integration getan werden.

*Was heißt das für die Franzosen? Ihre Idee hat sich durchgesetzt?*

Frankreich hat allen Grund, stolz auf das Erreichte zu sein. Delors' Forderung nach einer europäischen Wirtschaftsregierung ist nun zum Allgemeingut geworden und steht in Brüssel ganz oben auf der Agenda. Das müsste Frankreich große Selbstsicherheit geben und Kraft für die dringend notwendigen wirtschaftspolitischen Reformen. Der Sieg der Franzosen auf der europäischen Ebene verpflichtet sie im Inneren zu konsequenten Strukturreformen, auf dem Arbeitsmarkt, bei der Rente. Deutschland hingegen hat mit der Agenda 2010 längst die notwendigen Anpassungen vollzogen und ist nun gefordert, europapolitisch nachzuziehen, indem es zugunsten einer verstärkten europäischen Integration ein gewisses Maß an Souveränitätsverzicht leistet. Das ist die Aufgabe, vor der Deutschland steht. Auch in der Vergangenheit haben wir ja immer gesagt: Die Zukunft kann nur ein europäisches Deutschland, aber kein deutsches Europa sein. Auf diesem Weg müssen wir konsequent weitergehen.

*Die deutsche Furcht vor der Wirtschaftsregierung war ja immer, dass damit die Unabhängigkeit einer Notenbank, die ausschließlich der Geldwertstabilität verpflichtet ist, drangegeben wird. Das ist jetzt schon mehr oder weniger passiert: Die Europäische Zentralbank interveniert massiv in Europas Schuldenkrise.*

Das lese ich auch immer in der einschlägigen Presse. Aber da kann ich nur sagen: Die Wirklichkeit sieht anders aus. Diese Souveränität der Europäischen Zentralbank hat tatsächlich ebenso wenig je existiert wie die Souveränität der Bundesbank.

*Ist das so? War die Unabhängigkeit nicht gesetzlich garantiert?*

Natürlich war und ist sie das. Dennoch hat es immer Diskussionen zwischen der Regierung auf der einen Seite und der Bundesbank auf der anderen Seite gegeben. Der jeweilige Bundesbankpräsident oder sein Vize sitzt bei den Beratungen über den Haushalt immer mit am Kabinettstisch. Außerdem ist es so, dass der Bundesbankpräsident nicht geheim gewählt wird, sondern dass ihn die Bundesregierung vorschlägt. Natürlich wird nach fachlicher Eignung entschieden, aber eben auch unter politischen Gesichtspunkten – bei allem Respekt vor der Unabhängigkeit der Bundesbank.

*Jetzt rauben Sie uns aber eine Illusion ... Die Bundesbank schien in ihrer Unabhängigkeit unantastbar, oder, wie Jacques Delors immer spöttelte: Der Deutsche glaubt nicht an den lieben Gott, aber an die Bundesbank.*

Ich glaube, der Deutsche glaubt doch eher an Gott als an die Bundesbank. Das ist auch richtig so – gerade wenn ich mir die Position der Bundesbank in der Euro-Krise anschaue.

*Wenn Sie andeuten, so weit sei es nicht her mit der Un-*
*abhängigkeit der Bundesbank: Wie weit reichte dann die*
*Einflussnahme in Ihrer Zeit? Hat das Kanzleramt gar*
*die Zinssätze vorgegeben?*

Nein, das konnte man nicht. Aber es gab eine öffentliche
Debatte, an der sich auch Politiker beteiligt haben. Das
bleibt sicher nicht ohne Einfluss auf die Bundesbank. Keine
Institution – wiederum bei allem Respekt vor der Unabhängigkeit der Bundesbank – ist völlig unbeeinflusst von
dem, was sich in der Gesellschaft, insbesondere in ihren
meinungsbildenden Kreisen, abspielt.

*Wer den Euro als „Frühgeburt" gescholten hat, muss erst*
*recht gegen Rettungsschirme und Milliardenrisiken für*
*den Steuerzahler sein. Wie ist da heute Ihre Position?*

Meine skeptische Position zum Euro habe ich aufgegeben.
Zwar war die damalige Analyse, dass eine koordinierte Fi-
nanz- und Wirtschaftspolitik fehlt, richtig. Um den Euro
langfristig stabil zu halten, brauchen wir diese Koordinie-
rung. Aber die Gegner des Euro machen es sich heute zu
einfach. Wenn ich lese, dass für Deutschland das Aufgeben
des Euro ohne Risiko sei, stelle ich mir vor, was das für die
erfolgreiche deutsche Exportindustrie bedeuten würde: Die
Mark – oder wie auch immer die neue Währung dann heißen würde – ginge durch die Decke. Diese Aufwertung
wäre ein Desaster für unsere Wirtschaft, unsere Export-
produkte würden sich massiv verteuern. Wir würden weniger absetzen, Arbeitsplätze wären gefährdet. Was dann auf
uns zukäme, lehrt ein Blick in die 70er und 80er Jahre des

vergangenen Jahrhunderts. Es ist doch kein Zufall, dass die entscheidenden frühen Anstöße für eine Währungsunion aus Bonn gekommen sind, Helmut Schmidt wird das bestätigen.

*Das Gegenargument lautet: Deutschland ist Jahrzehnte zurechtgekommen mit einer starken D-Mark. Die Industrie hat sich entsprechend eingestellt und ist immer noch wettbewerbsfähiger geworden. Warum soll das nicht mehr gelingen?*

Weil wir nicht mehr in den mehr oder weniger geordneten Verhältnissen der geteilten, sondern in einer globalisierten Welt mit ihren eigenen Gesetzen leben. Stellen Sie sich unter diesen Umständen einen Kollaps des Euro vor. Nicht nur würde uns auf einen Schlag die Rechnung für unsere Verpflichtungen im Rahmen des Rettungsschirms präsentiert, sondern wir hätten auch unter unserer extrem starken Währung zu leiden. Wer sollte das dann heraufziehende Chaos ordnen? Ich sehe niemanden. Wenn ich auch weiß, dass nichts im Leben unumkehrbar ist, stimme ich doch denen zu, die sagen: Im Grunde ist der Euro nicht revidierbar. Gerade wir Deutsche sind hier in der Pflicht, alles für seine Stärkung zu tun. Denn der Euro hat – entgegen Mitterrands Absicht – die deutsche Dominanz in Europa verstärkt. Daraus ergibt sich für Deutschland eine besondere Verpflichtung, uns stärker als andere Länder für Rettungsschirme zu engagieren.

*Würden Sie dann auch den Satz unterschreiben: „Scheitert der Euro, scheitert Europa"?*

Der Satz ist eine Zuspitzung, die ich zwar in der Debatte für erlaubt halte, um Konsequenzen zu verdeutlichen, der aber so nicht stimmt: Europa bleibt so oder so bestehen. Es bliebe immer noch die Möglichkeit, sich auf einen gemeinsamen Markt zu beschränken, was manchem ganz lieb wäre. Allerdings hätte diese Schrumpfung gravierende Folgen für die Rolle Europas in der Welt. Wir leben ja in einer im Grunde multipolaren Welt: Die singuläre Dominanz der USA ist aufgehoben, auch wenn Amerika sich wirtschaftlich erholen und seine Rolle als Führungsmacht behalten wird. Wir haben in Asien, vermutlich unter der Führung von China, den zweiten Pol.

Welche Rolle kann Europa in dem Zusammenhang spielen? Nehmen Sie nur den UN-Klimagipfel, der 2009 in Kopenhagen abgehalten wurde. Dort hat die neue Weltordnung zum ersten Mal ihr Gesicht gezeigt. Keiner der westlichen Staatslenker, die da waren, hatte inhaltlich etwas mit dem Abschlussbericht zu tun – US-Präsident Obama nicht, der EU-Kommissionspräsident Barroso nicht und Bundeskanzlerin Merkel auch nicht. Die Schwellenländer, namentlich die BRIC-Staaten – Brasilien, Russland, Indien, China – haben ihn geschrieben und den Präsidenten der Vereinigten Staaten eingeladen, sich das Papier vor seiner Verabschiedung anzusehen. So wird die politische Willensbildung in der Welt auch künftig ablaufen: Die Schwellenländer, stark geworden durch ihre Erfolge, kooperieren mit Amerika. Was können die europäischen Nationalstaaten, auf sich gestellt, da noch ausrichten? Es ist doch sonnenklar, dass nur ein zunehmend integriertes, starkes Europa auf einem gleichen Level mitspielen kann, sonst werden die internationalen Konferenzen – wie die Gruppe der zwanzig wichtigsten Industrie- und Schwellenländer (G 20) – nach dem gleichen Muster wie Kopenhagen verlaufen, das heißt: Europa wird nicht ernst genommen. Keiner der großen Nationalstaaten, weder Frankreich noch England noch Deutschland noch Italien, kann allein eine Rolle spielen, wie das China oder die USA als Führungsmächte tun.

*Hängt das Gewicht Europas tatsächlich an der einheitlichen Währung? So oder so bleibt der Kontinent Europa ein starker Wirtschaftsraum.*

Nein, ohne gemeinsame Währung bleibt Europa kein starker Wirtschaftsraum. Der Euro ist neben dem Dollar die globale Währung. Ohne gemeinsame Währung würden manche Vorteile für die europäische Exportwirtschaft, gerade die deutsche, wegfallen. Aber klar ist auch, dass wir eine Vertiefung der Integration im Euro-Raum und in der Europäischen Union benötigen, damit die Währung stabil bleibt.

*Mehr Integration heißt: Deutschland muss Souveränitätsrechte abtreten. Wie lange spielt da das Volk oder das Bundesverfassungsgericht mit, ohne zu murren?*

Natürlich können und müssen sowohl Kompetenzen nach Brüssel abgegeben werden als auch Europas Institutionen reformiert werden. In der Perspektive muss die EU-Kommission eine Regierung werden, die vom Parlament gewählt ist, und der Europäische Rat, die Runde der nationalen Regierungen, muss eine Art zweite Kammer bilden, die dem deutschen Bundesrat vergleichbar ist. Was wir brauchen, ist eine neue Architektur für Europa. Es fehlt vor allem die zentrale Instanz, die die nationalen Wirtschafts- und Finanzpolitiken koordiniert und darauf achtet, dass europäische Vorgaben auch eingehalten werden – bis hin zu Sanktionen. Eine solche europäische Wirtschaftsregierung muss Kraft und Durchsetzungsvermögen haben. Sie muss den Kurs vorgeben und die Mitgliedsstaaten führen. Voraussetzung dafür ist das Abgeben von nationaler Souveränität. Und: Europa braucht jemanden, der diese Entwicklung vorantreibt. Da Deutschland nun einmal die stärkste Wirtschaftsmacht in Europa ist, käme diese Rolle der treibenden Kraft eigentlich unserem Land zu, was ja bezeichnenderweise auch von vielen unserer Nachbarn und Verbündeten gefordert wird. Bisher ist davon aber nichts zu erkennen. Ich hoffe, dass die neue Regierung, in der meine Partei an entscheidenden Stellen vertreten ist, mehr Schubkraft entwickelt und den Erwartungen Europas gerecht wird.

*Im Zweifel bedeutet das: Mehr Macht für Brüssel.*

Das kommt drauf an. Ich bin durchaus der Meinung, dass das Subsidiaritätsprinzip – also das Prinzip, dass eine Aufgabe möglichst von der untersten staatlichen Ebene übernommen werden soll – ausgiebiger angewandt werden könnte. Ich habe meine Zweifel, ob Brüssel über jede Gemüsesorte und deren Zertifizierung entscheiden kann und muss. Auch wie wir Kliniken und Sparkassen organisieren, geht die EU nichts an, das heißt: Die Kompetenzen müssen sinnvoller aufgeteilt werden, und das kann nur heißen: Geldpolitik bei der Europäischen Zentralbank, Wirtschafts- und Finanzpolitik in Brüssel. Ich füge hinzu:

Um die ökonomischen Ungleichgewichte zwischen den Mitgliedsstaaten zu begrenzen, muss es Bandbreiten in der Sozialpolitik geben, in der Arbeitslosen- und Rentenversicherung etwa. Zum Beispiel wird man in Europa einheitliche Bandbreiten für das Renteneintrittsalter finden müssen. Vernünftig wäre eine Regelung, die den Eintritt zwischen dem 65. und 70. Lebensjahr festschreibt. Innerhalb dieses Rahmens müsste dann jedes Mitgliedsland, seiner demographischen Entwicklung und den wirtschaftlichen Möglichkeiten entsprechend, seine Entscheidungen treffen. Natürlich weiß ich, dass sich das am grünen Tisch leicht sagen lässt, und ich kenne die schwierigen Willensbildungsprozesse in einer Gemeinschaft von inzwischen 28 EU-Mitgliedern. In dieser Hinsicht ist der Druck, der durch die Finanzmärkte auf die gemeinsame Währung ausgeübt wird, durchaus hilfreich. Denn jetzt verstehen alle: Wenn wir den Euro wirklich erhalten wollen, dann müssen diese Reformen gemacht werden.

*Ist ein Bundeskanzler überhaupt Herr des Verfahrens auf EU-Gipfeln? Wie stark ist er dem Apparat aus Bürokraten und Diplomaten ausgeliefert, welche die Treffen vorbereiten?*

In zentralen Fragen hat der Regierungschef das Heft des Handelns in der Hand. Sie müssen dann Bündnispartner suchen und finden, getreu dem Motto: Wenn du mir hier hilfst, kannst du mit mir dort rechnen. Da kommt natürlich schnell der Vorwurf auf, das sei eine Art Basar. Aber so ist es nicht. Es geht darum, durch Kompromisse Mehrheiten zu finden.

*Werden diese Allianzen im Vorfeld sondiert, oder ge-*
*schieht das in diesen legendären Nachtsitzungen?*

Im Vorfeld wird vorbereitet, die Entscheidungen aber werden letztlich in den Verhandlungen zwischen den Chefs
getroffen – übrigens meistens in der Nacht. Das ist eine
kräfte- und nervenzehrende Angelegenheit.

*Das Publikum hat manchmal den Verdacht, dass es zum*
*Ritual, zur Inszenierung gehört, dass die Unterhändler*
*frühmorgens mit tiefen Augenringen die Ergebnisse*
*präsentieren – um den Leuten zu zeigen: Wir haben alles*
*gegeben.*

Nein, das ist kein Sport. Die Verhandlungen brauchen
einfach Zeit, weil Sie ja ganz viele unterschiedliche Interessen unter einen Hut bringen müssen. Außerdem müssen Sie sehen: Am Europäischen Rat nehmen 28 Staats-
und Regierungschefs teil, manchmal wegen einer besonde-
ren Verfassungslage sowohl der Staatspräsident als auch
der Regierungschef eines Landes. Dann kommen die Außenminister hinzu, die würden sich nie das Recht nehmen
lassen, neben ihren Chefs am Tisch zu sitzen. Und wenn
es um Wirtschaft und Finanzen geht, wird die Runde um
die Finanzminister erweitert. Da können dann schon mal
mehr als 80 Vertreter am Tisch sitzen. Jeder von denen
meldet sich zu Wort. Können Sie erahnen, wie zäh diese
Abende verlaufen?

*Am Ende aber kommt jeder heraus, gibt eine nationale*
*Pressekonferenz und erzählt, wie toll er es wieder allen*

*gezeigt hat. Das hat dann schon was von Sport, von Inszenierung.*

Ja, manchmal ist das leider nötig. Auf der anderen Seite sitzen Journalisten, für die es ja auch nicht so leicht ist, immer die Zeitungsseiten zu füllen. Teilt man nur den sachlichen Gehalt eines Gipfel-Beschlusses mit, dann ergibt das bestenfalls einen Einspalter. Würzt man die Geschichte mit ein bisschen Streit, kann man schon auf drei Spalten kommen – das nützt dem Politiker wie den Journalisten. Nur tun die immer so, als wüssten sie das nicht.

*Für einen deutschen Kanzler kommt in Brüssel eine Schwierigkeit dazu: Es wird erwartet, dass Deutschland führt, Sie dürfen aber nicht zeigen, dass Sie führen wollen.*

Das stimmt, auch wenn Deutschlands gewachsener Führungsanspruch zunehmend anerkannt wird. Der Fehler, den manche deutsche Politiker machen, ist der, dass sie in Brüssel gerne konzilianter auftreten, als sie es zu Hause tun. In Interviews mit deutschen Zeitungen liest sich das dann deutlich entschlossener. Aber die wichtigen deutschen Zeitungen werden auch im Ausland gelesen. Das heißt: Entweder man steht zu dem, was man in Brüssel aushandelt, oder man hält den Mund. Wenn die Differenz zwischen verbalem Anspruch und praktischer Politik zu groß wird, dann geht es halt schief.

*Ihr Parteifreund Martin Schulz, der mächtigste Sozialdemokrat in Brüssel, spricht vom „blame game", das die Regierungen in der Heimat betreiben: Das Gute hat man im Zweifel selbst gemacht, das Schlechte kommt aus Brüssel.*

Es ist für eine Regierung leicht, in einer Debatte zu Hause zu sagen: „Tut uns leid, wir können nichts dafür. Das ist uns von Brüssel aufgezwungen worden." Das ist nicht immer fair. Da hat Martin Schulz recht. Aber es gibt nun einmal auch fragwürdige Brüsseler Verordnungen, die von den nationalen Regierungen mit guten Gründen kritisiert werden.

*Haben Sie das auch so gemacht?*

Sicher. Man darf es halt nicht übertreiben. Wenn immer nur die anderen die Fehler machen und unsereiner nie, glaubt das bald niemand mehr.

*Stößt man in solchen EU-Verhandlungen hin und wieder auch an physische Grenzen? Auf dem legendären Nizza-Gipfel 2000 etwa haben Sie nächtelang durchverhandelt, die Journalisten im Pressesaal konnten zwischendurch schlafen.*

Natürlich reicht es Ihnen irgendwann, wenn morgens um fünf noch ein Teilnehmer zu einer langen Rede ansetzt, obgleich es eigentlich nur noch um irgendeine Kleinigkeit geht, zum Beispiel um eine Formulierung im Kommuniqué, die den Sinn nicht entscheidend ändert. Da könnte man schon mal unter die Decke gehen. Aber letztlich führt das zu nichts, weil sich anschließend garantiert wieder einige zu Wort melden, den Auftritt tadeln und somit die Sitzung weiter in die Länge ziehen würden.

*Wie oft ist es vorgekommen, dass Sie trotzdem aus der Haut gefahren sind?*

Ich konnte mich immer beherrschen. Da hilft eine gute Kondition und die Erfahrung, die lehrt: Eine Provokation verlängert die Sache nur noch mal um eine halbe Stunde.

*Entspricht das Verhalten der jeweiligen Regierungschefs den Klischees, die über ihre Völker im Umlauf sind: Briten sind eben so, Franzosen so, und Italiener wieder anders ...?*

Ich würde bestreiten, dass Regierungschefs in ihrem Verhalten spezifischen landeseigenen Stereotypen folgen.

*Und bilden sich im Lauf der Jahre Koalitionen, wo Sie sehen: Sagt aus dem Land einer was, kann ich relativ sicher sein, dass mindestens drei andere ihm beistimmen?*

Auf den Gipfeln war die Erwartung immer – und das ist wohl heute noch so –, dass Franzosen und Deutsche sich einigen. Wir hatten ja mit Jacques Chirac ein neues Format, wie das so schön heißt, erfunden: das sogenannte Blaesheim-Gespräch, benannt nach dem kleinen Ort im Elsass, wo wir uns zum ersten Mal im Rahmen dieses Formats getroffen haben. Danach haben wir regelmäßige Regierungskonsultationen vor den EU-Gipfeln verabredet und die großen Linien festgelegt. Die Kooperation ging so weit, dass ich Chirac einmal gebeten habe, Deutschland auf dem EU-Gipfel zu vertreten, und umgekehrt: Ich habe sozusagen auch schon als französischer Präsident agiert. Das zeugt von persönlichem Respekt und von politischem Vertrauen.

*War das eine politische Geste oder weil einer nicht konnte wegen Terminschwierigkeiten?*

Nein, es ging um eine politische Geste, so eng war das Vertrauensverhältnis zwischen Deutschland und Frankreich. Natürlich haben sich andere europäische Regierungschefs dann gelegentlich beschwert, dass wir sie dominieren wollten. Waren sich Frankreich und Deutschland aber einmal nicht einig, und auch das kam natürlich vor, wurde beklagt, dass wir Entscheidungen verzögerten oder gar blockierten. Insofern war es schon besser, wenn sich der französische Präsident und der deutsche Bundeskanzler im Vorfeld auf eine gemeinsame Position geeinigt hatten. Wir beide zogen dann los, suchten Bündnispartner und brachten so eine Mehrheit zustande. Immer wenn Deutschland und Frankreich sich einigten, war schnell klar: Das wird was. Wenn nicht, dann wurde es insgesamt schwierig.

*Im Balkankrieg liefen Deutschland und Frankreich auseinander, zeitweilig hatte man den Eindruck, dass Verhaltensweisen und Argumentationsketten wieder auftauchten, die man aus den Geschichtsbüchern rund um den Ersten Weltkrieg kannte.*

Das mag während der heißen Phase des sogenannten Jugoslawienkrieges so gewesen sein. Die vorgezogene Anerkennung der Unabhängigkeit Kroatiens und Sloweniens durch die Regierung Kohl im Dezember 1991 wurde von vielen in diesem Sinne verstanden. Als die rot-grüne Bundesregierung im Herbst 1998 die außenpolitische Verantwortung übernahm, war in der internationalen Debatte von diesen historischen Argumentationsmustern oder auch Vorurteilen nicht mehr viel zu spüren. Hingegen wurde die Geschichte von einigen innenpolitisch bemüht, als wir kurz nach der Aufnahme der Regierungsarbeit mit der Entscheidung konfrontiert wurden, im Rahmen des Kosovo-Konflikts an einem Militärschlag gegen Restjugoslawien, also im Wesentlichen gegen Serbien, teilzunehmen. Weder für mich noch für Außenminister Joschka Fischer war es leicht, zu erklären, warum Deutschland im Kosovo militärisch intervenieren muss. Fischer hat dann zu einem aus meiner Sicht völlig falschen Bild gegriffen und von der Verhinderung eines zweiten Auschwitz gesprochen.

*Den Vergleich fanden Sie daneben?*

Der Satz war deswegen problematisch, weil damit die Singularität des Holocaust in Frage gestellt wurde. Gewiss, es hat im Kosovo schlimmste Menschenrechtsverletzungen gegeben – aber der Vergleich mit Auschwitz war unpassend. Der Satz war wohl ein Instrument, um den militärischen Einsatz gegen Serbien bei den Grünen innerparteilich zu legitimieren.

*Beide aber waren Sie entschlossen, deutsche Soldaten in den Krieg zu schicken.*

Nach der Regierungsübernahme war für mich rasch klar, dass Deutschland sich an der Intervention beteiligen müsste – so unklar die völkerrechtliche Legitimation auch war. Der Beschluss der Vereinten Nationen war ja durch Russland mit einem Veto belegt worden. Meine Furcht war, dass jedes Abrücken von den Amerikanern oder den europäischen Partnern uns in große Schwierigkeiten bringen würde. Rot-Grün wurde zu Beginn misstrauisch beobachtet in der NATO. Zudem hatten wir 1999 die EU-Ratspräsidentschaft übernommen, da durften wir nicht zaudern.

*Gleich auf dem EU-Gipfel in Berlin haben Sie den Einsatz im Kosovo als unvermeidbar bezeichnet, das war im Frühling 1999, der erste Gipfel unter der Ratspräsidentschaft einer rot-grünen Bundesregierung ...*

... und da mussten wir gleich die Kosovo-Intervention und die Reform der Agrarpolitik und der Strukturfonds der Europäischen Union beschließen. Das waren die ersten europäischen Verhandlungen, die ich geführt habe. Der Druck war enorm. Zwei Kollegen sind mir dabei besonders aufgefallen.

*Verraten Sie, welche?*

Der eine war der spanische Ministerpräsident José María Aznar. Er hat penetrant auf kleinteiligen Forderungen und nationalen Interessen bestanden. Der andere war der finnische Ministerpräsident Paavo Lipponen. Mein Freund Paavo wollte auf dem Gipfel, das werde ich nie vergessen, irgendeine Förderung von Hartweizen in Finnland durchsetzen. Das hat keinem eingeleuchtet, aber wir haben's hingekriegt. Chirac, ein sehr humorvoller Mensch, hat sich noch Jahre später sehr darüber amüsiert.

*Wie kam es, dass Sie ausgerechnet zu Präsident Chirac so ein gutes Verhältnis hatten – der ist schon vom Habitus nicht der klassische Sozialdemokrat.*

Unser Verhältnis war ja keineswegs von Anfang an blendend. Wir haben uns politisch zusammengerauft. Das ist gelungen, weil wir bei allen politischen Auseinandersetzungen nie den gegenseitigen Respekt verloren haben. Der war von Anfang an da. Auf beiden Seiten. Jacques Chirac hat eine sehr soziale Ader, ein feines Gespür für die Lebensumstände von Menschen, die wie ich nicht mit dem goldenen Löffel im Mund geboren worden sind. Das kommt auf eine warme, patriarchalische Art daher, die ja im Übrigen auch für das Selbstverständnis des französischen Staates charakteristisch ist. Und dann kann man sich mit Chirac glänzend unterhalten. Er ist ein hochgebildeter Mann, ein ausgezeichneter Kenner der japanischen und chinesischen Kunst und Kultur. Ich erinnere einen gemeinsamen Besuch in einem der größten und wichtigsten Kunstgeschäfte in Brüssel, da hat der Eigner ihm eine Vase hingestellt und im Brustton der Überzeugung gesagt: „Das ist die und die Dynastie". Chirac guckt sich das an, guckt noch mal und sagt dann: „Nein, Sie irren sich, die ist fünfzig Jahre älter." Und er hatte recht, wie der Händler nach einem Blick in den Katalog zugeben musste. Im Übrigen ist es für das Verhältnis der Regierungschefs untereinander besser, wenn das Gegenüber aus einer anderen Parteienfamilie kommt.

*Warum ist das so?*

Weil es nicht nur den nationalen Wettbewerb gibt, sondern auch die europäische Konkurrenz: Wer ist der Erfolgreichste, der Wichtigste – gerade innerhalb der Parteienfamilien. Diese Konkurrenz gibt es zwischen einem deutschen Sozialdemokraten und einem französischen Konservativen nicht. Sieht man von Konrad Adenauer und Charles de Gaulle ab, die beide im weitesten Sinne der konservativen Tradition entstammten, war das in der Geschichte der deutsch-französischen Partnerschaft immer so. Denken Sie an das Verhältnis Valéry Giscard d'Estaings, eines liberalen Republikaners, zum Sozialdemokraten Helmut Schmidt oder des Sozialisten François Mitterrand zum Christdemokraten Helmut Kohl. Und bei Jacques Chirac und mir funktionierte das eben auch. Mit dem sozialistischen Ministerpräsidenten Lionel Jospin hat sich kein enges Verhältnis entwickelt. Das hatte weniger mit persönlichen Gründen als vielmehr mit der Antwort auf die Frage zu tun: Wer gibt den Ton an bei den europäischen Sozialdemokraten?

*Hat es deswegen auch nicht geklappt mit der sozialdemokratischen Dreier-Allianz mit dem britischen Premierminister Tony Blair und Lionel Jospin?*

Den Versuch habe ich unternommen, bis ich feststellen musste, dass die Briten nicht so richtig wissen, ob sie nun der 51. Staat der Vereinigten Staaten von Amerika werden oder ob sie doch Teil der EU bleiben wollen.

*War New Labour unter Blair nicht ziemlich pro-europä-
isch?*

Tony Blair selbst war und ist ein überzeugter Europäer,
aber er hat nie die Kraft und auch nicht den Mut gehabt,
die Briten über ein Referendum stärker an Europa zu binden, ihnen gar den Euro schmackhaft zu machen. Im Gegenteil, Blairs Leute haben häufig die innerbritischen
Konflikte auf den europäischen Tisch gelegt. Manchmal
war es schwer, mit ihnen zurechtzukommen, weil sie oft
Sonderrollen in Anspruch genommen haben, ganz in der
Tradition der berühmten „I want my money back"-Hal-
tung der früheren britischen Premierministerin Margaret
Thatcher, in der sich auch Blair sah – oder von der er
sich doch nicht lösen konnte oder wollte. Deswegen bleibe ich dabei: In der EU kommt es auf die Gründungsmit-
glieder an: Deutschland, Frankreich, Italien und die Bene-
lux-Staaten. Von den neu hinzugekommenen Ländern ist
vor allem Polen sehr wichtig.

*Noch einmal zurück zu den Briten. Sie sagten: Selbst un-
ter Blair ist es nicht gelungen, sie näher an Europa he-
ranzuführen. Wo sehen Sie dann die Briten in zehn Jahren? Ausgetreten aus der EU? Oder rausgeworfen von
den anderen, die irgendwann sagen: Wir haben die Fa-
xen dicke, wir brauchen euch nicht mehr?*

Das könnte die Lösung sein, auch wenn ich mir das nicht
wünschen würde. Aber eines ist klar: Wenn die Integration
fortschreitet – und das muss sie schon der gemeinsamen
Währung wegen – und die Briten sagen weiterhin: „Wir

wollen nicht", dann müssen sie irgendwann die Konsequenzen ziehen.

*Das hieße: Sie sollen austreten?*

Nein, das ist nicht die Konsequenz. Wir haben ja längst ein Europa der zwei Geschwindigkeiten; der Euro-Raum ist stärker integriert als der Rest. Wenn die Briten den Euro nicht wollen, wenn sie nicht einmal etwas von der gemeinsamen Währung halten, dann haben sie auch kein Recht, an der Willensbildung im Euro-Raum mitzuwirken. Es ist dann eben zu trennen zwischen der Willensbildung in der größeren Europäischen Union und der im Währungsraum. Wenn jemand auf absehbare Zeit den Euro nicht will, ist das zu akzeptieren. Aber wer draußen bleiben will, muss auch akzeptieren, dass er drinnen nicht mitreden kann.

*Wie haben Sie eigentlich Tony Blair seinerzeit persönlich erlebt? Der britische Premier ritt ja auf einer unglaublichen Welle der Sympathie.*

Ich habe ihn als sehr diskussionsfreudigen, offenen Menschen erlebt. Später wurde er mir ein bisschen zu salbungsvoll. Ich habe immer gesagt: Du redest wie ein Priester. Vielleicht war das seiner tiefen religiösen Überzeugung geschuldet, er ist ja zum Katholizismus übergetreten. Unser Verhältnis hat sich dann über den Irak-Krieg auseinanderentwickelt. Aber er hatte ohne Zweifel erheblichen Einfluss auf die Entwicklung Europas und war ja auch für EU-Spitzenämter im Gespräch.

*Das Schicksal teilt er mit manch anderem: Sie hatten mal vor, Edmund Stoiber auf den Stuhl des Kommissionspräsidenten zu setzen.*

Ich wollte ihn installieren, richtig, das hätten wir auch geschafft. Chirac war schon so weit, zuzustimmen, aber Edmund Stoiber hat dann kalte Füße bekommen. Ich weiß noch genau, wie ich ihm bei einem Abendessen im Haus des damaligen Vorstandsvorsitzenden von Siemens, Heinrich von Pierer, das Angebot gemacht habe. Stoiber hat sich 14 Tage Bedenkzeit erbeten, dann rief er mich an und sagte, er könne das leider nicht akzeptieren. Die CSU wäre ohne ihn noch nicht überlebensfähig. Im Grunde ist er doch sehr in Bayern verwurzelt. Dort fühlt er sich geborgen. Das ist sympathisch, zeigt aber: Das politische Berlin hat eine andere Dimension als München, ist nicht nur größer, sondern auch anonymer. Von Brüssel gar nicht zu reden. Wenn man da nicht mindestens eine Fremdsprache perfekt beherrscht, ist es schwierig.

*Sie meinen jetzt nicht Hochdeutsch ...*

Nein, ich hatte auch meine Probleme mit Englisch, jetzt geht's. Gearbeitet habe ich auf EU-Gipfeln immer mit Dolmetschern. Das ist auch sinnvoll, weil Sie mehr Zeit zum Nachdenken haben und der Übersetzer in Vertragsverhandlungen vor Fehlern oder Missverständnissen bewahrt. Angenehmer ist es freilich, wenn man so polyglott ist, dass man in ein, zwei Sprachen souverän kommunizieren kann. Wer das nicht kann, ist im Nachteil. Das habe ich immer wieder festgestellt.

*Deswegen haben Sie richtig Englisch-Stunden genommen?*

Ich habe einen Crashkurs in Wales gemacht, jetzt bestehe ich komplizierte Diskussionen über politische Themen, auch über Fiskal- und Finanzpolitik.

*Sie schlagen weitere Schritte zur Integration Europas vor, inklusive eines stärkeren EU-Kommissionspräsidenten. Wie wollen Sie den aufwerten?*

Indem er vom EU-Parlament direkt gewählt wird. Durch die Europawahl gibt es automatisch eine Aufwertung, weil die europäischen Parteien mit Spitzenkandidaten in den Wahlkampf ziehen, die sich um das Amt des Kommissionspräsidenten bewerben.

*Ist Europa reif dafür? Es gibt eben keine europäische Öffentlichkeit ...*

...aber zunehmend paneuropäische Wahlkämpfe. Ich bin auch schon in Italien, in Tschechien, in Frankreich und Kroatien aufgetreten. Eine europäische Öffentlichkeit entsteht nicht von alleine, sondern sie muss durch politische Auseinandersetzungen zwischen den Spitzenkandidaten von Sozialdemokraten und Konservativen geschaffen werden, die man in ganz Europa wahrnimmt.

*Wie sehr haben sich die Lebenswirklichkeiten in Europa angeglichen?*

So unterschiedlich sind die Wirklichkeiten heute nicht mehr, und die Sehnsüchte und Wünsche der Menschen sind es schon gar nicht.

*So sehr sich die Straßenbilder heute ähneln, wirtschaftlich entwickeln sich die EU-Staaten auseinander: In den Krisenländern im Süden verzweifeln junge Leute ohne Aussichten auf einen Job.*

Die Perspektivlosigkeit der Jugend ist das bedrückendste Problem Europas. Nehmen Sie die Jugendarbeitslosigkeit in Spanien von bis zu 60 Prozent bei den unter 25-Jährigen, in Griechenland sieht es ähnlich aus. In Italien liegt die Quote zwischen 30 und 40 Prozent, in Frankreich um die 30 Prozent. Das ist nicht hinnehmbar. In Deutschland dagegen ist die Jugendarbeitslosigkeit in den vergangenen Jahren von 15 auf sieben Prozent zurückgegangen. Die niedrigste Rate in der EU. Das hat demographische Gründe, ist aber auch eine positive Folge der Agenda-Reformen. Die Öffnung der Arbeitsmärkte für junge Menschen ist wichtig. Deshalb brauchen Länder wie Frankreich oder Spanien Strukturreformen. Zudem müssen wir dort wirksame Programme zur Bekämpfung der Jugendarbeitslosigkeit finanzieren.

*Wie sollen die aussehen?*

Jedenfalls nicht so, dass man die jungen Leute in den öffentlichen Dienst steckt. Stattdessen sollte man prüfen, ob sich das duale deutsche Ausbildungssystem auf andere Länder übertragen lässt, unterstützt durch die EU. Wir dürfen nicht zulassen, dass aus der politischen Krise eine gesellschaftliche Krise in Europa entsteht. Die ist viel gefährlicher als mögliche Fehlentwicklungen der Währungsunion.

*Ein Grundfehler der gemeinsamen Währung war es, dass man die Augen zugedrückt hat und Italiener wie Griechen sich hat reinschummeln lassen.*

Nein, da bin ich ganz anderer Meinung. Sie hätten doch Italien nicht außen vor lassen können, zumal auch die Belgier eine zu hohe Gesamtverschuldung hatten. Hätte man diesen beiden EU-Gründungsmitgliedern sagen sollen: Wir fangen mit dem Euro ohne euch an? Undenkbar, da gebe ich Kohl recht.

*Die Griechen sind kein Gründungsmitglied und erst später in die Währungsunion eingetreten – das hätten Sie zu Ihrer Amtszeit verhindern können oder müssen.*

Damals hat die EU-Kommission Zahlen zu Griechenland vorgelegt und in ihrem Bericht festgestellt: Griechenland kann und soll Mitglied werden. Das hat sie dem Europäischen Rat, dem ich damals angehörte, vorgeschlagen, und der hat das dann einstimmig beschlossen. Im Übrigen, das wird ja in der öffentlichen Darstellung gerne unter den Tisch gekehrt, haben sowohl FDP wie CDU im Europäischen Parlament zugestimmt, dass Griechenland den Euro einführt. Und da hätte ich als Bundeskanzler den Griechen sagen sollen: „Ihr dürft nicht Mitglied werden"? Außerdem hatte die Aufnahme Griechenlands eine politische Dimension. Viele Griechen wollten ihr Land – immerhin die Wiege der abendländischen Demokratie – noch stärker in Europa integriert sehen. Schließlich hatte sich das Land erst in den 80er Jahren von einer Militärdiktatur befreit. In der Regierung des damaligen griechischen Ministerpräsidenten Kostas Simitis waren viele, die während dieser Diktatur in Deutschland Asyl gefunden hatten, darunter auch renommierte, seriöse Professoren. Ich wäre gar nicht auf die Idee gekommen, deren Angaben in Zweifel zu ziehen. Aber es gab Fehlentwicklungen. Die Ausweitung der griechischen Schuldenpolitik hat übrigens nicht vor, sondern nach dem Beitritt unter der Regierung des Ministerpräsidenten Karamanlis 2004 bis 2009 stattgefunden. Seine Parteifreunde, die europäischen Konservativen, haben ihn gewähren lassen.

*Umso schlimmer, wenn dem ersten Fehler ein zweiter folgt: Ausgerechnet Deutschland hat unter Ihrer Kanzlerschaft zum ersten Mal den Stabilitätspakt gebrochen; damit war der Vertrag von Maastricht entwertet.*

Das wird auch durch ständiges Wiederholen nicht richtig. Richtig ist hingegen, dass wir mit der im März 2003 angekündigten Agenda 2010 gewaltige Strukturreformen angepackt hatten, und die waren nun einmal nicht umsonst zu haben. In dieser Situation drängte Finanzminister Hans Eichel darauf, die Bestimmungen des Stabilitätspaktes ein- und vor allem die Defizitquote unter drei Prozent zu halten. Er stand bei seinen europäischen Kollegen im Wort. Da habe ich ihm geantwortet: „Was wir jetzt vor allem brauchen, ist Wachstum. Wenn wir die Kriterien einhalten, müssen wir neben dem, was wir mit der Agenda vorhaben, nochmals 20 Milliarden Euro einsparen. Das schaffen wir nicht. Dann ist die Agenda kaputt, und wir Sozialdemokraten können die Koffer packen." Also habe ich mich mit Jacques Chirac zusammengesetzt und überlegt: Wie können wir Zeit gewinnen, damit die Reformen wirken? Zu verlangen, auf eine Strukturreform auch noch strikteste Sparprogramme zu packen, um Defizitkriterien einzuhalten, ist doch fiskalisch-ideologisches Denken ohne Perspektive. Wie man damit ein Land ökonomisch und gesellschaftlich strangulieren kann, lässt sich jetzt am Beispiel Griechenlands, Spaniens oder auch Portugals studieren.

*Sie verlangen eine Verschnaufpause für den Süden von den harten Sparauflagen?*

Es wäre vernünftig, zu sagen: „Wenn ihr strukturell grundlegende Reformen durchsetzt, bekommt ihr auch Zeit – nicht mehr, aber auch nicht weniger. Ihr bekommt kein Pardon, aber ihr bekommt Zeit." Die Zeit kauft ja nicht die europäische Politik, sondern die Europäische Zentralbank – nichts anderes bedeutet deren Politik. Als einzige wirklich handlungsfähige Institution hat die Europäische Zentralbank der Politik signalisiert: Mit unserer Zinspolitik und mit dem Ankauf von Staatsanleihen von Ländern, die in Schwierigkeiten sind, verschaffen wir euch Zeit. Macht die Reformen, dann nutzt ihr die Zeit richtig. Wenn nicht, dann gibt es auch keine Hilfe.

*Die Erfahrung lehrt: Die Zeit zum Sparen ist immer ungünstig, nicht nur in Zeiten von Strukturreformen. Die Staatsschulden steigen und steigen.*

Schulden sind nicht prinzipiell und immer von Übel. Wenn Sie damit in die Zukunft investieren, also in Infrastruktur, Forschung und Bildung, profitiert davon die heutige und die nächste Generation. Das würde die Entwicklung ganz Europas voranbringen.

*Aber ist es nicht gerade die junge Generation, die mit der europäischen Idee nichts mehr anfangen kann? Gibt es in Zeiten des Scheiterns der Gemeinschaftswährung und der Krise noch eine Begründung für ein geeintes Europa?*

Die erste und wichtigste Begründung für die europäische Integration war der Frieden. Nach den beiden Weltkriegen wollten wir alle nur noch eins: Nie wieder Krieg. Wenn ich das heute in Diskussionen mit meiner ältesten Tochter und ihren Freunden erzähle, dann schauen die mich ungläubig an: Krieg? Das ist für sie wie eine Nachricht aus einer anderen Welt. Die setzen sich morgens in den Zug oder ins Flugzeug und sind in ein paar Stunden in Paris. Keine Passkontrollen, überall der Euro. Sie wissen nicht, dass es früher anders war. Aber sie verstehen, dass wir als Europäer in einer Zeit, in der Länder wie die USA, China, Indien und Brasilien politisch und wirtschaftlich immer stärker werden, nur eine Chance haben, wenn wir gemeinsam handeln, nicht getrennt als Deutsche, Franzosen oder Polen. Das, was Europa ausmacht – Wohlstand, Sozialstaatlichkeit, Freiheit, Demokratie –, das können wir nur erhalten, wenn wir auch in dieser Hinsicht auf der Höhe der Zeit sind. Die entschlossene Europäisierung ist für mich auch eine Antwort auf die Globalisierung. Allerdings bin ich überzeugt, dass wir sie nicht aus eigener Kraft schaffen werden. Wir brauchen starke Partner, die wir enger an uns binden müssen. Da ist zum einen die Türkei. Der EU-Beitritt der Türkei macht sicherheits- und wirtschaftspolitisch Sinn. Und zum anderen brauchen wir Russland, seine enormen Rohstoffressourcen und den Markt. Eine EU-Assoziierung Russlands, also ein rechtlich verbindlicher Vertrag, wäre ein wichtiger Schritt, der für beide Seiten riesige Vorteile bringen würde.

## KAPITEL 3

# Politik als Beruf – auf Zeit

*Herr Schröder, wie schwer fiel Ihnen der Entzug von der Droge Politik?*

Politik ist keine Droge. Politik macht nicht abhängig. Das ist keine Sucht, auch wenn sich durch Jürgen Leinemanns Buch *Höhenrausch* dieser Eindruck zum angeblichen Gemeinwissen verfestigt hat.

*Der 2013 verstorbene ehemalige Spiegel-Reporter Jürgen Leinemann war Ihr Freund.*

Ja, und ein wahrlich großer Reporter. Leider hatten wir in seinen letzten Jahren, bedingt durch seine Krankheit, wenig Kontakt. Seine Sucht-These habe ich immer angezweifelt und ihm dies auch gesagt. Denn Politik ist keine Sucht. Politik ist ein Beruf.

*Aber ein extrem aufreibender, auf Selbstentblößung und öffentliche Anerkennung angewiesener.*

Aufreibend und zugleich hochattraktiv. Erhard Eppler hat einmal treffend gesagt: Politik ist an der Grenze dessen angesiedelt, was Menschen leisten können, ohne Schaden zu nehmen an ihrer Seele. Vor diesem Grenzbereich hatte ich nie Angst, und ich hätte den Job nicht freiwillig aufgegeben. Es waren die Wähler, die mich gezwungen haben, mich neu zu orientieren.

*Leiden die wirklichen „political animals" wenigstens heim-*
*lich, wenn sie die Arena verlassen?*

Das weiß ich nicht. Für mich war immer klar: Man kann eine gewisse Zeit Politik machen. Danach muss man sich neu orientieren.

*Roland Koch führt jetzt einen Baukonzern, und man*
*wird trotzdem den Verdacht nicht los, das Kanzleramt*
*hätte ihn mehr gekitzelt.*

Er hätte sich ja auch darum bemühen können. Er hat eine andere Entscheidung getroffen. Das war seine Wahl. Die Idee, dass die Politik eine Sucht sei, bestreite ich jedenfalls vehement, auch wenn ich es gerne weiter gemacht hätte. Aber wenn Sie mal Kanzler waren, können Sie keinen anderen Politikberuf mehr ergreifen.

*Ein internationaler Posten wäre denkbar.*

Ja, aber das war in meinem Fall ausgeschlossen.

*Frau Merkel hätte Sie kaum durchgesetzt.*

Sie wäre nie auf die Idee gekommen.

*Wie war das genau in jener legendären Nacht nach der*
*Wahlniederlage 2005? Die Deutungen gehen sehr aus-*
*einander über Ihren TV-Auftritt in der Elefantenrunde:*
*War das suboptimal, wie Ihre Frau sagt, oder Taktik?*

Das war keine Taktik, eher ein Befreiungsschlag. Nun war das ja einer der anstrengendsten Wahlkämpfe überhaupt. Alle Journalisten hatten uns schon totgesagt und totgeschrieben. Die Umfragen sahen die Union als haushohe Siegerin. Aber am Wahlabend war der Abstand minimal. Ich hatte der SPD keine Niederlage beschert, im Gegenteil: 34 Prozent waren ein ordentliches Ergebnis, und wir hätten es um Haaresbreite fast noch geschafft. Diese Last fiel von mir ab. Und dann fingen die beiden Fernsehmoderatoren an, Frau Merkel zur Siegerin zu erklären und mir vorzuhalten, ich hätte eine Niederlage erlitten. Das hat mich so geärgert, dass ich mich nicht an die üblichen Regeln eines moderaten Umgangs gehalten habe. Suboptimal ist dafür eine sehr freundliche Beschreibung.

*Haben Sie an dem Abend noch gehofft: Es ist nicht vorbei, ich regiere weiter?*

Nein. Mir war klar: Die CDU hatte keine Mehrheit mit der FDP, und die FDP wollte keine Ampel. Also würde es auf eine Große Koalition hinauslaufen. Mir war auch klar, dass die von Frau Merkel geführt werden würde. Das ging ja gar nicht anders.

*... den Zuschauern war dies auch klar, nur Sie haben die Realität geleugnet, wie ein lateinamerikanischer Caudillo, der das Votum des Volkes nicht akzeptiert.*

Der entscheidende Punkt für mich war ein anderer. Ich wollte in der Sendung nicht sagen: Es läuft wohl auf eine Große Koalition hinaus – und zwar mit Rücksicht auf

Joschka Fischer und die Grünen. Fischer saß ja auch in der Fernsehrunde, und ich wollte ihn nicht öffentlich brüskieren. Fischer war immer loyal, ein stabilisierender Faktor in der Koalition, auch wenn es eng wurde. Und da wollte ich unser Bündnis nicht im Fernsehen aufkündigen.

*Dafür wurde die Sendung Kult, noch Jahre später tausendfach auf YouTube abgerufen.*

Ja, das habe ich auch gehört. Wenn mich Leute nach den Gründen für den Auftritt gefragt haben, habe ich denen anfangs immer erklärt: Ich wollte mal eine Kultsendung machen – das hat die köstlich amüsiert. Aber natürlich war die Sendung ein Fehler, auch wenn mir persönlich das Echo hinterher egal war.

*Aber dass Sie sehr enttäuscht waren am Abend der Niederlage, das werden Sie heute nicht mehr bestreiten?*

Klar war ich enttäuscht. Die Enttäuschung war riesengroß. Es ging um ein Prozent: Bei denen ein halbes Prozent weniger, bei uns ein halbes Prozent mehr, dann hätte ich eine Große Koalition geführt, was ich gerne gemacht hätte, gar keine Frage. Aber der Wähler hat es nicht gewollt. Nach der Wahl kam ich zu meiner letzten Sitzung des Europäischen Rates, und dort sprachen mich die europäischen Kollegen an – vor allen Dingen die Skandinavier, und zwar sowohl Sozialdemokraten als auch Konservative –, warum ich eigentlich aufhören würde: Du hast doch eine Mehrheit, du hast ja die Linke. Rechnerisch gab es tatsächlich eine rot-rot-grüne Mehrheit, aber nicht politisch. Ich musste ihnen erklären, warum das in Deutschland nicht ging. Zu dem Zeitpunkt war die Linke eine skurrile Mischung aus PDSlern, kommunistischer Plattform und linken Spinnern aus dem Westen. Und die konnte für uns politisch kein Partner sein.

*Berliner Strategen haben damals behauptet, erst Ihr rabiater TV-Auftritt habe Angela Merkels Position innerhalb der Union stabilisiert, sonst wäre ihr das enttäuschende Ergebnis womöglich zum Verhängnis geworden.*

Das ist hinterher so gesagt worden. Allerdings hätte die CDU doch bei der Sachlage mit dem Klammersack gepudert sein müssen, ihre Vorsitzende zur Seite zu schieben, auch wenn die eine schwere Niederlage erlitten hatte. Das ist eine Partei, die sehr machtorientiert ist. Wer hätte denn den Putsch anführen sollen? Sie hätten einen Parteitag organisieren müssen, hätten in einer Phase der Regierungsbildung eine Vorsitzende abwählen müssen. Das wäre doch nie und nimmer passiert. Ich halte das für eine erfundene Geschichte.

*Erinnern Sie sich, wie bitter der Tag danach war?*

Ja, da war natürlich eine Enttäuschung. Aber es überwog noch die Erleichterung, dass die SPD nicht bei 24 Prozent gelandet war, wie die Umfragen es vorhergesagt hatten, sondern bei 34 Prozent. Wir konnten auf Augenhöhe mit der Union verhandeln. Aber bitter war der Abschied aus dem Kanzleramt, der kam zwei Monate später. Ich würde lügen, wenn ich sagen würde, dass man da nicht eine harte Bremsung machen muss. Vorher Herr Bundeskanzler, nachher Herr Schröder. Aber ich habe mich dann relativ rasch neu orientiert.

*Ihre Frau hat von einem „harten Lernprozess" berichtet. Klingt so, als wären Sie eine Zeit lang schwer zu ertragen gewesen im privaten Umgang?*

Natürlich war die Zeit nicht einfach. Wenn man abgewählt worden ist und nicht alt, krank oder erschöpft ist, also fast unvorbereitet zum Rentner wird, braucht man eine neue Arbeit. Deshalb ist mein Rat an alle in einer ähnlichen Situation: Schnell eine neue berufliche Aufgabe suchen, sich ehrenamtlich einbringen und schnell das Parlament verlassen. Das habe ich ja sofort gemacht.

*Das Dasein als Hinterbänkler bringt für einen ehemaligen Kanzler nichts mehr?*

Gar nichts, denn der Abschnitt aktive Politik ist definitiv vorbei. Dann brauchen Sie etwas Neues. Ich habe das bei Helmut Kohl beobachtet. Mein Vorgänger war nach seiner Abwahl noch vier Jahre im Bundestag. Da saß er immer in einer hinteren Reihe, alleine, keiner hat mit ihm geredet. Was will man da als Altkanzler auch noch ausrichten? Im Petitionsausschuss arbeiten? Bei allem Respekt vor der Arbeit der Kollegen dort: Das war nichts für mich.

*Zuvor waren Sie von morgens bis abends verplant, dieser Tagesrhythmus geht verloren.*

Nein, nur der Rhythmus ändert sich. Wir haben zwei kleine Kinder. Da ist der Tag natürlich ausgefüllt, aber diese Arbeit musste ich auch erst lernen. Das mache ich sehr gerne, denn die Kinder waren vorher eindeutig zu kurz gekommen. Als Bundeskanzler hatte ich zu wenig Zeit für die Familie. Diese Arbeit ruhte auf den Schultern meiner Frau.

*Ging es Ihnen wie Top-Managern, die im Ruhestand erst wieder lernen müssen, alleine klarzukommen: ohne Sekretärin telefonieren, ohne Fahrer sich fortbewegen?*

Nein, das kann ich schon ganz gut alleine. Für mich war sehr wichtig, dass ich neue Aufgaben übernommen habe. Ich war damals 61 Jahre alt. Das ist doch kein Alter, in dem man in Rente geht. Neben dem Aufsichtsrat der europäisch-russischen Pipelinegesellschaft Nord Stream habe ich den Ehrenvorsitz des Nah- und Mittelostvereins übernommen und mich in der Initiative „Gesicht Zeigen!" engagiert, die gegen Rassismus und Antisemitismus kämpft – eine Aufgabe, die ich von Johannes Rau übernommen habe.

*Sobald jemand aus der Regierung zu einem Konzern wechselt, muss er mit öffentlicher Empörung rechnen. Wie nah dürfen sich Wirtschaft und Politik sein?*

So neu war das ja nicht, dass ein Kanzler nach seiner Amtszeit in die Wirtschaft wechselt. Helmut Kohl war, obwohl er noch im Bundestag saß, bei der Bank Credit Suisse, bei der Deutschen Vermögensberatung und bei Leo Kirch unter Vertrag. Auch Helmut Schmidt hat sich schnell neue Aufgaben gesucht. Ich weiß, dass es viel Kritik an meinem

Engagement für Nord Stream gegeben hat. Über das Tempo des Wechsels lasse ich mit mir reden. Vielleicht wäre eine gewisse Karenzzeit besser gewesen. Grundsätzlich aber halte ich eine Nähe zwischen Politik und Wirtschaft für sehr wichtig. Wir bräuchten viel mehr Menschen, die zwischen diesen Bereichen selbstverständlich wechseln, wie es zum Beispiel in Frankreich der Fall ist. Das täte uns auch gut. Ich hatte deshalb im ersten rot-grünen Kabinett den Gewerkschafter Walter Riester zum Sozialminister gemacht und Werner Müller vom Energiekonzern VEBA zum Bundeswirtschaftsminister. Beide waren eine Bereicherung für die Politik.

*Herr Schröder, Sie sagen: Politik ist keine Sucht, sondern ein attraktiver Beruf. Was daran ist faszinierender als etwa eine Karriere als Anwalt oder Wissenschaftler?*

Ich habe als wissenschaftlicher Assistent bei Professor Christian Starck in Göttingen früh gemerkt, dass das nichts für mich ist: am Schreibtisch zu sitzen und mir Gedanken zu machen, wie man das Polizeirecht nach vorne bringt. Das war nicht meine Sache. Das hat auch Professor Starck erkannt und gesagt: „Vielleicht ist es doch besser, wenn Sie Politik machen und nicht Wissenschaft und sich unsere Wege trennen." Das war dann unsere gemeinsame Entscheidung.

*Und in dem Moment war das Ziel klar: Sie wollten es nach ganz oben bringen in der Politik?*

Das ist ein Prozess, das kann man nicht planen. Sie können versuchen darauf hinzuarbeiten, in einem Wahlkreis aufgestellt zu werden – mit sehr viel Fleiß, mit häufiger Präsenz, auch mit ein bisschen mehr an politischem Verstand als andere. Was danach kommt, hängt auch von Zufällen ab und von der allgemeinen politischen Entwicklung. Sie können nicht planen, Ministerpräsident zu werden oder Bundeskanzler. Da ist der Wille wichtiger als die Planung.

*Nur wer der Partei Siegchancen verheißt, hat eine Chance, nominiert zu werden.*

Das ist das Entscheidende. Ich war ja 1998 nicht der Lieblingskanzlerkandidat der Partei, das war Lafontaine, und der wollte das auch werden, aber er wusste natürlich auch, dass er Defizite hatte, was seine öffentliche Wahrnehmung angeht. Deshalb habe ich im Sommer 1997 in Interviews gesagt: „Wenn ich bei der Landtagswahl in Niedersachsen am 1. März 1998 das Ergebnis von 1994 ohne nennenswerte Verluste in etwa halten kann, dann bin ich ein Kandidat für den Bund." Ich habe diese selbst gesetzte Marke dann präzisiert: Wenn ich zwei Prozentpunkte oder mehr unter dem Ergebnis von 1994 bleibe, stehe ich als Kanzlerkandidat nicht zur Verfügung. Wir hatten dann 47,9 Prozent bei der Landtagswahl 1998, ein Plus von 3,6 Prozentpunkten; damit war alles klar.

*Wenn wir kurz bei Oskar Lafontaine bleiben: Wie kompliziert ist Ihr Verhältnis heute? Ist da überhaupt noch ein Verhältnis?*

Nein, wir haben jetzt keines mehr. Dabei ist er einer der begabtesten Politiker, die ich kennengelernt habe. Allerdings will er von denen, auf die er baut – und in diesem Fall war es die Sozialdemokratie – auch geliebt werden. Und das ist in der Politik nun einmal ein Problem. Denn Lafontaine gehört zu den Leuten, die Verantwortung scheuen, weil Verantwortung auch bedeutet, mal gegen den Konsens der eigenen Gruppe zu verstoßen. Auch ist er kein Politiker, der den Grundsatz akzeptieren würde: Erst das Land, dann die Partei. Als er nach seiner Flucht aus dem Amt des Bundesfinanzministers 1999 anfing, mich zu diffamieren, gab es für mich keinen Grund mehr, persönlichen Kontakt zu suchen.

*Eine richtige Freundschaft war das eh nie zwischen Ihnen beiden, immer nur Mittel zum Zweck.*

Richtig, es war ein Zweckbündnis. Er war ja der Bekanntere damals in Bonn, galt als der Hoffnungsträger.

*Unter Willy Brandts Enkeln war Lafontaine der Star.*

Ohne Zweifel. So war das. Und das ließ er auch jeden spüren. Das hat mir nie behagt. Ich ordne mich nicht gerne unter. Aber er hat das erwartet. Und das war letztlich auch der Anlass für seine Flucht aus dem Amt und der Verantwortung. Seine Vorstellung als Finanzminister und Parteivorsitzender war: „Egal, wer unter mir Kanzler ist." Das hätte innerhalb der SPD vielleicht noch funktioniert, aber nicht darüber hinaus. Kein europäischer Regierungschef hätte statt mit mir mit dem Finanzminister Lafontaine gesprochen. Außerdem hat er auf der internationalen Ebene mehrere Fehler gemacht: Er hat sich sehr schnell mit dem französischen Finanzminister Dominique Strauss-Kahn verbündet, war über Kreuz mit Tony Blair und hat im Internationalen Währungsfonds und anderswo gegen die Clinton-Regierung agiert – das haben die ihn spüren lassen und kalt zurückgeschlagen.

*Er hat ja seine Flucht gerechtfertigt mit der Kriegspolitik und dem Sozialabbau unter Rot-Grün.*

Das ist nicht glaubwürdig. Den Einsatz der Bundeswehr im Kosovo-Krieg haben wir zusammen beschlossen. Und die Agenda kam im Jahr 2003, da war er schon seit vier Jahren nicht mehr in der Regierung.

*Wie tief sitzt heute noch Ihr Groll?*

Ich habe keinen Groll, warum sollte ich? Er ist mir gleichgültig. Ich möchte nicht an seiner Stelle sein. Wenn ich mir die Truppe anschaue, mit der er da politisch arbeitet – das würde ich mir nicht antun. Im Grunde ist er eine tragische Figur.

*Wenn Sie jetzt, mit dem Abstand von ein paar Jahren, zurückblicken auf die Kanzlerzeit, empfinden Sie da noch gegen irgendjemanden Hass? Oder ist alle unangenehme Erinnerung verraucht?*

Hass ist für mich kein Motiv – im Privaten nicht, und in der Politik auch nicht. Wenn Sie mit dem, was Sie tun, relativ zufrieden sein können, dann ist das eine gute Voraussetzung fürs Wohlbefinden: Was Rot-Grün unter meiner

Führung gemacht hat, das kann sich sehen lassen. Nicht nur in der Außenpolitik und bezogen auf die Agenda 2010. Wir haben die Gesellschaft insgesamt modernisiert und geöffnet. Denken Sie etwa an die Integrationspolitik, den Atomkonsens oder auch die eingetragene Lebenspartnerschaft für Schwule und Lesben. Und dann kommt noch etwas hinzu: Ich habe gespürt, dass die alte Idee der Grünen, die Rotation, vielleicht doch ihr Gutes hat. Zehn Jahre im Amt sind für einen Kanzler genug, man wird nicht besser danach, höchstens misstrauischer und vorsichtiger.

*Max Weber hat in seiner Schrift* Politik als Beruf *drei notwendige Tugenden genannt: Leidenschaft, Augenmaß, Verantwortungsgefühl. Welches ist die wichtigste, und was fehlt?*

Leidenschaft und Verantwortungsgefühl halte ich für die zentralen Tugenden. Augenmaß – das klingt sehr defensiv, ist aber ebenso notwendig.

*Wie wichtig ist ein gesundes Selbstwertgefühl?*

In der Politik brauchen Sie ein sehr gesundes Selbstwertgefühl. Sie müssen erstens davon überzeugt sein, dass Sie es können – und dass Sie es besser können als andere. Zweitens müssen Sie die Fähigkeit haben, mit Kritik umzugehen. Mit anderen Worten: Sie müssen verdrängen können, sonst können Sie bei dem, was auf Sie an gerechtfertigter, aber auch unfairer Kritik hereinbrechen kann, gar nicht überleben. Sie müssen die Fähigkeit haben, am Abend zu sagen: So, ich habe das zur Kenntnis genommen, jetzt lege ich mich mal schlafen, und morgen geht es weiter.

*Lässt sich dieses Selbstwertgefühl antrainieren? Oder wird man damit geboren?*

Bis zu einem gewissen Grad kann man es entwickeln. Gleichzeitig muss in Ihnen der Ehrgeiz wachsen, das Ziel erreichen zu wollen – diese beiden unverzichtbaren Grundeigenschaften entwickeln Sie am besten im Kampf.

*Sie haben es gerne kämpferisch.*

Ja, so ist Politik nun mal: Kampf um Stimmen, später Kampf um die Mehrheit. Hinzu kommt, dass man immer wieder in Frage gestellt wird. Jeden Tag. Jeder Ausrutscher führt sofort zur Frage, ob es nicht jemanden gibt, der das besser kann. Speziell im Kanzleramt ist die Luft schon sehr dünn.

*Weil so viele Leute auf jeden Fehler lauern ...*

... sobald es nicht ganz so gut läuft, kommt jede Schwierigkeit bei Ihnen an, jede Entscheidung ist Ihre Entscheidung. Sie können die Dinge mit noch so vielen absprechen, am Ende ist es doch eine sehr einsame Entscheidung.

*Und am gefährlichsten sind die Parteifreunde?*

Das sagt man gerne so. Ich sehe es anders. Parteifreunde sind vielleicht besonders kritisch, aber sie sind nicht die gefährlichsten Zeitgenossen. Denn die Widerstände in

Fraktion oder Partei sind durchaus kalkulierbar. Man kann sie also überwinden.

*Sie haben mal gesagt: Wenn Sie Ihren Leuten mit Rücktritt gedroht haben, dann war das mehr oder weniger immer nur ein Bluff, um sie zu disziplinieren.*

Habe ich das? Richtig ist, dass man mit Rücktrittsdrohungen nicht inflationär umgehen darf. Sonst muss man den Schritt irgendwann tatsächlich tun. Daher habe ich nicht oft damit gedroht, weil immer die Gefahr bestand, dass jemand sagt: Dann mach's doch! Und dann?

*Wie viel Bluff gehört allgemein zur Politik?*

Möglichst keiner. Die Rücktrittsdrohung eines Verfassungsorgans – und das ist ja der Kanzler – ist kein Spaß, sondern eine ernsthafte Angelegenheit. Als Kanzler kann ich im Einzelfall mal eine Entscheidung der Koalitionsfraktionen gegen ein Vorhaben der Regierung akzeptieren, und das habe ich auch getan – aber nicht in zentralen Themen. Wenn ich eine Entscheidung – nehmen Sie den Bundeswehreinsatz in Afghanistan – mit der Vertrauensfrage verbinde und die Regierungsfraktionen ziehen nicht mit, dann bin ich politisch erledigt. Eine Rücktrittsdrohung ist insofern ein Instrument zur Durchsetzung der eigenen Ziele, das vom Bundeskanzler nur in Ausnahmesituationen angewendet werden darf.

*Dürfen Politiker auch mal lügen? Theo Waigel hat gesagt: Ja, sie müssen sogar lügen, wenn es um so heikle Dinge wie den Euro geht ...*

In der jüngeren Vergangenheit gab es einen bemerkenswerten Fall. Als der damalige Eurogruppen-Chef Jean-Claude Juncker gefragt wurde, ob denn nun ein Treffen der Finanzminister der Euro-Zone stattfinde, wie gemunkelt wurde, hat er das dementiert, obgleich die Einladungen schon unterwegs waren. Das Treffen sollte geheim stattfinden, um Irritationen an den Finanzmärkten zu verhindern. Das ist angemessen, und es ist legitim.

*Sonst kommt es nicht vor?*

Wenn Sie das Parlament belügen, müssen Sie in der Regel gehen, und wenn Sie im Untersuchungsausschuss lügen, haben Sie strafrechtliche Konsequenzen zu erwarten.

*Nur ist es mit der Wahrheit so eine Sache: Oft kommt es anders, als Politiker sagt und denkt.*

Wenn es nicht um Tatsachen geht, sondern um Erwartungen, Einschätzungen, dann sind das ja keine Lügen, sondern es sind Fehlprognosen. Im Übrigen stürzen Politiker meist nicht über Fehler, sondern über die falsche Kommunikation. Wenn etwas falsch gelaufen ist, ist es immer besser, gleich mit der Wahrheit zu kommen, weil sie irgendwann doch öffentlich wird.

*Ihr Lebensweg hat eben viele irritiert, gerade in der SPD: von links unten nach rechts oben. Was sind die Werte in Ihrem Leben?*

Was heißt rechts oben?

*Kanzler der Bosse, gut Freund mit Managern und Wohlhabenden.*

Abgesehen davon, dass das Schlagworte sind, die nichts mit der Realität zu tun haben: Soll ich mir durch die politischen Beobachter, Journalisten in der Regel, vorschreiben lassen, mit wem ich privat umgehe und mit wem nicht? Das ist abwegig. Den Vorwurf, dass ich in der Regierung sozusagen die Revolution verhindert habe, die ich als Jungsozialist früher selber geplant habe, lasse ich gelten.

*Und was sagen Sie den Leuten, die Ihnen das vorhalten?*

Es soll ja vorkommen, dass man als junger Mensch Vorstellungen von einer besseren Welt hat, die sich dann mit der Wirklichkeit nicht in Einklang bringen lassen. In diesem Fall sollte man die hehren Ideen und nicht die harte Wirklichkeit einer kritischen Prüfung unterziehen. Wer die Welt mit 70 Jahren immer noch wie mit 18 oder 25 Jahren sieht, hat entweder die Welt nicht kennengelernt oder sich ein Lernverbot auferlegt. Beides halte ich nicht für erstrebenswert.

*In kaum einer Beschreibung über den Kanzler Schröder fehlte der Hinweis auf das „Wölfische" in Ihrer Person. Fühlen Sie sich dadurch getroffen?*

Erst mal ist der Wolf ja ein Rudelwesen, und da gibt es einen Anführer, häufig auch eine Anführerin übrigens. Insofern habe ich nichts gegen diese Beschreibung, sofern damit auf ein bestimmtes Machtbewusstsein abgehoben wird. Ohne dieses kommen Sie als Kanzler nicht aus. Das gilt schon für den Weg an die Spitze. Mit Sanftmut brauchen Sie sich um dieses Amt gar nicht zu bewerben. Denn selbstverständlich ist Politik auf bestimmten Ebenen immer auch Kampf. Wenn Sie den nicht in Kauf nehmen wollen oder können, lassen Sie besser die Finger vom politischen Geschäft.

*Was ist die wichtigste Waffe in diesem Kampf? Rhetorische Brillanz, frech und schlagfertig sein?*

Es ist eine Mischung. Erst mal brauchen Sie eine wirklich gute Konstitution. Dann gehört Schnelligkeit im Denken dazu, das rasche Erfassen von Sachverhalten, Zusammenhängen und Situationen. Sie müssen schnell Strukturen durchschauen und sich auf neue Situationen einstellen können. Da hilft im Übrigen eine solide juristische Ausbildung.

*Der Gerichtssaal trainiert das Argumentieren.*

Das lernt man dort in besonderer Weise, und das hilft später in der politischen Debatte.

*Hilft das einem Politiker auch im Fernsehen?*

Es hilft bei der Argumentation, aber im Fernsehen ist etwas anderes wichtiger: Sie müssen absolut überzeugt sein von dem, was Sie sagen. Das Fernsehen ist für den Politiker das wichtigste Medium, weil Sie Millionen gleichzeitig erreichen, es ist aber auch ein gefährliches Medium. Sie sind durch den Fernseher bei den Leuten quasi zu Hause, und das bestimmt ihr Bild von Ihnen. Wenn Sie da in der Diskussion langatmig werden, spüren die Zuschauer das und sagen: „Na ja, also ganz sicher ist der sich auch nicht." Das bekommen Sie aber nicht mit, weil Sie ja nicht bei den Fernsehzuschauern, sondern im Fernsehstudio meist ohne Publikum sitzen. Sie können darauf also nicht reagieren. Wenn Sie dagegen in einem Saal oder auf dem Marktplatz reden, lässt sich viel machen. Wenn Sie merken, ein Thema oder ein Satz passt nicht ganz, die Stimmung geht nach unten, dann können Sie in der Rede variieren, legen nochmal nach. Im Fernsehen können Sie das nicht. Und deshalb ist es ein gefährliches Medium. Da können Sie vor Millionen Menschen gnadenlos verlieren.

*Verlangt das Publikum auch danach, dass ein Politiker eine moralische Instanz ist?*

Ein Politiker sollte sich an Recht und Gesetz halten, aber eine moralische Instanz kann er gar nicht sein. Das muss er auch nicht. Die privaten Lebensentwürfe von Politikern können scheitern, ich bin ein Beispiel dafür, wie viele andere auch. Eine moralische Instanz? Den Anspruch finde ich überhöht. Dem kann wohl kein Mensch gerecht werden. Und ich glaube, das erwartet in Deutschland auch keiner.

*Wie sehr hat ein Politiker auf die Freunde zu achten, die ihn umgeben?*

Wichtig sind Freunde außerhalb des Politikbetriebs. Das müssen Leute sein, die keinen Vorteil aus dieser Freundschaft ziehen, die nicht glauben, dass ihnen diese Beziehung politisch oder kommerziell nützt. Als ich Bundeskanzler war, waren wir während des Urlaubs im Haus eines befreundeten Malers, ein alter Freund. Dieser Mann erwartete von der Politik nicht, dass er subventioniert wird, das hatte er auch nicht nötig. Die Freunde jenseits der Politik dürfen kein materielles Interesse haben an dem, was Sie tun und entscheiden. Das war in meinem Fall aber auch nie so.

*Im Verhältnis zu Carsten Maschmeyer wurde Ihnen genau dies unterstellt: Erst hat er Sie mit ganzseitigen Anzeigen im Wahlkampf unterstützt und dann mit seinem Finanzvertrieb AWD von der Einführung der Riester-Rente profitiert.*

So war es nicht. Im Landtagswahlkampf hatte Maschmeyer anonym eine Anzeige geschaltet mit dem Slogan „Der nächste Kanzler muss ein Niedersachse sein" – sehr schön, gut gemacht. Zu dem Zeitpunkt kannte ich ihn noch nicht. Ich hatte sogar angenommen, ein anderer Unternehmer habe diese Kampagne finanziert. Die Rentendebatte hatte mit dieser Geschichte rein gar nichts zu tun. Ich halte es nach wie vor für richtig, eine zweite, privat finanzierte Säule der Altersvorsorge einzuführen, so wie wir es mit der Riester-Rente gemacht haben. Mir ging es darum, in der Altersversorgung neben der beitragsfinanzierten Rente die private Kapitalbildung zu stärken – dies ist aus heutiger Sicht sinnvoller denn je. Ob alle Produkte, die verkauft werden, richtig konstruiert sind, das kann ich nicht beurteilen. Das muss ich auch nicht beurteilen können. Dass Maschmeyers Firma diese Produkte später verkauft hat, war sein Recht als Unternehmer. Aber sie war wahrlich nicht das einzige Unternehmen, das Riester-Renten verkauft hat. Da gab es andere und wesentlich größere.

*Aber dann hat Maschmeyer Ihnen auch noch die Rechte an Ihren Memoiren abgekauft – als Dankeschön für die Einführung der Riester-Rente, unkten Ihre Gegner.*

Das ist Unfug. Wir haben einen Vertrag gemacht. Das war schon nach meiner Amtszeit als Bundeskanzler. Er hat die Rechte gekauft, und ich musste nicht selber mit Verlagen verhandeln und auch keine Agenten bemühen.

*Hat sich das Geschäft gelohnt für Herrn Maschmeyer?*

Das weiß ich nicht, das müssen Sie ihn fragen.

*Heute würden Sie sich aber als Freunde bezeichnen?*

Ich gehöre nicht zu denen, die auf Abstand gehen, wenn ein Freund oder Bekannter öffentlich angegriffen wird. Das gilt übrigens auch für Peter Hartz. Ich bin nach wie vor mit ihm befreundet. Das bleibt auch so. Jeder Mensch macht Fehler, aber ihn deswegen zu verurteilen und auf Distanz zu ihm zu gehen, das finde ich nicht anständig. Das mache ich nicht.

*Wie halten Sie es dann mit Götz von Fromberg, Ihrem ehemaligen Kanzleipartner, der als Anwalt der „Hells Angels" zu zweifelhaftem Ruhm kam als Teil einer angeblichen Maschsee-Connection in Hannover?*

Ich kenne Fromberg seit der Zeit, als wir Referendare waren, und das sind ja nun immerhin schon 40 Jahre. Zu der Büropartnerschaft mit ihm kam es, als ich Bundeskanzler wurde und meine Zulassung als Rechtsanwalt ruhen lassen musste, sie aber nicht aufgeben wollte. Ich habe jetzt meine eigene Kanzlei. Deswegen ist die Bürogemeinschaft mit Fromberg beendet.

*Herr Schröder, um sich als Politiker nicht zu verlieren im Leben von Tag zu Tag, bedarf es einer inneren Richtschnur. Oder ist das eine altertümliche Vorstellung in den Zeiten der Polit-Manager?*

Nein, man hat eine Richtschnur. Ich bin ja nicht ohne Grund zur Sozialdemokratie gestoßen. Dort geht es im Kern um Gerechtigkeit und Chancengleichheit für diejenigen, die, wie Bertolt Brecht sagte, eher im Dunkeln leben. Denen ein anständiges Leben zu ermöglichen, das gehört zu meinem Selbstverständnis. Außerdem zählen Werte wie Freiheit und Solidarität.

*Was genau verstehen Sie heute unter Solidarität? Und wo liegen deren Grenzen?*

Eine Gesellschaft, ein Staat muss eingreifen, wenn jemand seine Familie durch Arbeit nicht mehr achtbar durchbringen kann, wegen Alters, Arbeitslosigkeit oder Krankheit. Dieses Prinzip halte ich für unverzichtbar. Ohne dieses Prinzip ist eine soziale Demokratie undenkbar. Gleichermaßen ist aber richtig, was wir im Kern der Agenda 2010 unter „Fordern und Fördern" formuliert haben: Jeder Einzelne muss angehalten werden, das ihm Mögliche beizutragen – auch das ist ein Teil von Solidarität. Das hat mit meiner Vorstellung von Würde des Menschen zu tun: Wer rundum nur betreut und alimentiert wird, der läuft Gefahr, seine Würde zu verlieren. Ich persönlich könnte eine solche Situation nicht ertragen: Solange es irgend geht, würde ich mir selbst zu helfen versuchen. Erst wenn mir das nicht mehr möglich wäre, dann würde ich Solidarität erwarten. Es gibt kein Recht auf Faulheit.

*Das war ein berühmter Satz von Ihnen als Kanzler, der aber nicht allseits bejubelt wurde.*

Ja, aber er stimmt auch heute. Natürlich gibt es in einer freien Gesellschaft dieses Recht, aber es gibt kein Recht auf alimentierte Faulheit.

*Die Kritiker, hauptsächlich von links, haben Ihnen daraufhin vorgeworfen, Ihnen gehe die Fähigkeit zum Mitleid ab ...*

Das hat nichts mit Mitleid zu tun, ganz im Gegenteil. Derjenige, der nicht für sich sorgen kann, der kann sich fest auf Solidarität – meine und die der Gesellschaft – verlassen.

*In Deutschland hat sich mit den Tafeln regelrecht eine Branche für Armenspeisungen herausgebildet. Die Ersten in den Kirchen warnen bereits davor, dass diese die Armut verfestigen und auf Dauer weniger den Bedürftigen dienen als das Gewissen der Reichen erleichtern.*

Wenn jemand aus Überzeugung oder innerem Antrieb die Tafeln fördert, spricht doch nichts dagegen. Zu behaupten, Tafeln verfestigten die Armut, ist aber Unfug. Weder entsteht noch verfestigt sich Armut durch ehrenamtliches Engagement. Die Tafeln können und dürfen den Sozialstaat nicht ersetzen, aber wenn sie ihn ergänzen, erkenne ich darin nichts Falsches.

*Wie halten Sie es als Protestant mit dem Papst? Hatten Sie wie so viele Spitzenpolitiker eine Audienz in Rom?*

Ich war mehrfach im Vatikan, bei der Beisetzung von Papst Johannes Paul II., bei der Amtseinführung von Papst Benedikt XVI. und das erste Mal 1995, noch als niedersächsischer Ministerpräsident und Konkurrent von Rudolf Scharping, der damals SPD-Vorsitzender war. Scharping war von den italienischen Sozialdemokraten eingeladen, während ich eine Privataudienz beim Papst hatte, weil wir in Niedersachsen das Konkordat mit dem Vatikan erneuert hatten. Da schrieb eine Zeitung: Scharping bei den Sozialisten, Schröder beim Papst. Eine nette Geschichte.

*Wie würden Sie heute Ihr Verhältnis zum Katholizismus einstufen?*

Sehr entspannt. Meine Frau ist Katholikin, alle Kinder sind katholisch getauft. Wer den Hauptteil der Erziehung trägt, der soll auch über die religiöse Orientierung bestimmen, damit habe ich kein Problem. Als in Niedersachsen einige in meiner Partei den Gottesbezug aus der Verfassung streichen wollten, habe ich das verhindert. Aber die Eidesformel „So wahr mir Gott helfe" habe ich nie gesprochen, zu keiner Amtseinführung.

*... alle anderen Kanzler haben das getan, warum Sie nicht?*

Weil das gut protestantisch ist! In der Bergpredigt heißt es: „Eure Rede aber sei: Ja, ja; nein, nein. Was darüber ist, das ist vom Übel."

*Welche Rolle spielt die Kirche heute noch für die Politik, da sich die Gesellschaft vom Glauben entfernt hat?*

Die Kirche ist eine Stimme aus der Gesellschaft, deren Position mir immer wichtig war. Ich bin mir sicher, dass Glaube in existenziellen Situationen wirklich helfen kann. Natürlich hat das mit der Institution Kirche nur bedingt etwas zu tun. Aber ich habe durchaus Respekt vor der Institution und vor allen Dingen vor den Menschen, die dort ehrenamtlich und beruflich arbeiten. Deswegen ist es mir auch wichtig zu hören, wie dort über bestimmte Fragen gedacht wird. Ohne Kirchen wäre diese Gesellschaft ärmer.

Wer sein ganzes Leben als Schwester oder als Nonne in einem Krankenhaus dem Dienst am Nächsten widmet, verdient Respekt. Dass die Kirchen im Laufe der Geschichte lange unhaltbare Positionen vertreten haben, die sie dann räumen mussten, ist eine andere Frage: Kuppelei-Paragraph, Paragraph 175 – Strafbarkeit der Homosexualität –, Abtreibungs-Paragraph 218. Noch heute schleppen wir manche überholte Regelung mit uns rum, angefangen mit dem speziellen Arbeitsrecht der Kirchen. Diese Privilegierung wurde geschaffen, als Caritas und Diakonie noch keine Riesenunternehmen waren. Das sind sie aber heute.

*Die Kirchen sind heute die größten Arbeitgeber in Deutschland.*

Eben. Und deswegen sollten sie sich auch an das gewöhnliche Arbeitsrecht halten. Auch eine geschiedene Frau kann doch in einem katholischen Kindergarten arbeiten. Dass so etwas bis heute nicht geht, ist absonderlich. Solche diskriminierenden Verbote gehören abgeschafft.

*Sie hatten stets den Slogan kultiviert: „Erst das Land, dann die Partei“: Wie viel Gemeinsamkeiten zwischen den politischen Lagern darf es geben, und wo ist Streit lebenswichtig für die Demokratie?*

Nicht zur Debatte steht selbstverständlich die freiheitlich-demokratische Grundordnung, die in unserem Grundgesetz für alle verbindlich festgeschrieben ist, dazu die Verpflichtungen, die sich aus internationalen Verträgen ergeben. Das ist die Basis dessen, was wir Staatsräson nennen. Darüber hinaus gibt es Fragen, die mit menschlichem Anstand und vor allem damit zu tun haben, wie wir miteinander umgehen. Natürlich darf es in einer Parlamentsdebatte auch einmal zur Sache gehen – hart, aber fair. Eine gestandene Demokratie muss das aushalten. Was sich aber verbietet, sind politische oder persönliche Diffamierungen, wie sie Willy Brandt wegen seiner unehelichen Herkunft und seiner Zeit im skandinavischen Exil ertragen musste. Dass selbst diese geschmacklosen Attacken unser demokratisches System nicht beschädigt oder gar in Frage gestellt haben, ist immerhin beachtlich.

*Sehen Sie die Demokratie in irgendeiner Art gefährdet, heute, sieben Jahrzehnte nach dem Ende der Nazi-Diktatur?*

Nein, diese Gefahr sehe ich nicht. In jeder Gesellschaft gibt es einen rechten Bodensatz, auch in Deutschland. Aber wirklich gefährlich ist er nicht – übrigens auch deshalb nicht, weil sich die deutschen Medien ohne Wenn und Aber dem Kampf gegen Rassismus und Antisemitismus verschrieben haben. Das demokratische Bewusstsein ist in unserer Gesellschaft fest verankert. Natürlich ist es schlimm, wenn eine rechtsterroristische Organisation wie der „Nationalsozialistische Untergrund" ihrem mörderischen Geschäft eine lange Zeit nahezu unbehelligt nachgehen kann. Aber der Rechtsstaat kennt kein Pardon. Die Täter werden vor Gericht gestellt; die Missstände, die für ihre späte Ergreifung verantwortlich sind, werden in Untersuchungsausschüssen aufgeklärt. Unter den Teppich gekehrt wird hierzulande nichts. Aber menschliches Versagen und Fehler von Behörden gibt es nun einmal auch in einer demokratischen Institution wie unserem Rechtsstaat. Das wird man wohl nie ganz abstellen können.

## KAPITEL 4

# Deutschlands Stellung in der Welt

*Herr Schröder, wie selbstbewusst darf Deutschland heute in der Außenpolitik auftreten?*

Natürlich darf Deutschland selbstbewusst auftreten. Das heißt ja nicht, zu protzen; und schon gar nicht heißt es, der Parole zu folgen: „Am deutschen Wesen soll die Welt genesen". Selbstbewusstsein meint, auf eigene Leistungen hinzuweisen, eigene Interessen zu vertreten, ohne andere zu bevormunden oder zu belehren. Deutschland hat ja etwas anzubieten: eine immer noch intakte Infrastruktur, politische Stabilität, eine weltweit geachtete und leistungsstarke Wirtschaft, ein vernünftiges Bildungssystem, ein vernünftiges Sozialsystem, ein vernünftiges Gesundheitssystem. Bei allem, was man im Detail kritisieren kann, ist das ein gut aufgestelltes Land.

*Was folgt daraus für die Führungsrolle in Europa?*

Dass man sich nicht kleiner macht, als man tatsächlich ist. Deutschland ist die stärkste Volkswirtschaft innerhalb der EU. Wegen dieses Potenzials, aber auch weil es international erwartet wird, fällt Deutschland eine Führungsrolle zu. Außerdem sind wir mit unserem Nein zum Irak-Krieg selbstständiger gegenüber den USA geworden. Allerdings wird gerade von uns Deutschen Zurückhaltung erwartet. Das hat zu tun mit unserer jüngeren Geschichte, insbesondere mit der nationalsozialistischen Gewaltherrschaft, unter der ganz Europa zu leiden hatte. Deutschland kann und muss führen, muss sich aber immer darüber im Klaren sein, dass Führung heißt, Respekt vor den kleineren europäischen Staaten zu haben.

*Wie groß sind die Spielräume außerhalb Europas, da Sie selbstbewusstere Töne eingeführt haben – mit allen Folgen, inklusive der Kriegseinsätze von deutschen Soldaten?*

In der alten Bundesrepublik haben wir uns aus guten Gründen in internationalen Fragen außerordentlich zurückgehalten. Im Zweifel kam aus Bonn der Hinweis: „Liebe Partner in der NATO, wenn ihr international agiert, sind wir gerne bereit, unseren finanziellen Anteil zu tragen, aber nehmt zur Kenntnis, wir sind ein geteiltes Land, wir haben nur eingeschränkte Souveränität, wir sind verantwortlich für zwei Weltkriege, und deswegen können wir uns militärisch nicht beteiligen."

*„Scheckbuchdiplomatie" nannte man das früher ...*

... im Grunde war das die Haltung sämtlicher Bundesregierungen. Seit Deutschland vereinigt und damit wieder vollständig souverän ist, lässt sich diese Politik aber nicht mehr durchhalten. Wir sind zu einem normalen Partner geworden – mit gleichen Rechten, aber auch mit gleichen Pflichten. Dieser neuen Situation mussten wir Rechnung tragen. Das Bundesverfassungsgericht hat in mehreren Urteilen deutlich gemacht, dass die deutsche Zurückhaltung politisch nachvollziehbar, aber rechtlich nicht notwendig oder zwangsläufig war.

*Der Ernstfall traf Sie – kaum im Amt – mit der Frage: Deutsche Soldaten ins Kosovo oder nicht? Zum ersten Mal seit Ende des Zweiten Weltkriegs ...*

Noch bevor ich ins Amt kam, haben Joschka Fischer und ich 1998 mit Bundeskanzler Kohl, Verteidigungsminister Rühe und Außenminister Kinkel gesprochen. Wir haben signalisiert, dass wir uns vorstellen könnten, eine solche Intervention mitzutragen, also der Linie der alten Bundesregierung zu folgen. Und so kam es dann auch. Ganz entscheidend für mich war, jeden Zweifel an der Bündnistreue gegenüber der NATO zu vermeiden: Rot-Grün stand ohnehin schon unter verschärfter Beobachtung in der Welt. Da mussten wir uns als solider und verlässlicher Partner beweisen.

*Auch wenn die Vereinten Nationen den Einsatz nicht legitimiert haben.*

Die fehlende Legitimation war tatsächlich ein Problem. Der Sicherheitsratsbeschluss war seinerzeit durch Russland verhindert worden. Die NATO hatte jedoch entschieden, zur Verhinderung einer humanitären Katastrophe – und das waren die Vertreibungen ohne Zweifel – einzugreifen. Wie nicht anders zu erwarten, entspann sich über diese Frage eine harte gesellschaftliche Debatte. Plötzlich galten SPD und Grüne als Bellizisten. Heute steht fest, was damals noch nicht absehbar war: Unsere eindeutige Haltung zum NATO-Bündnis und zur Teilnahme am Kosovo-Einsatz war eine Voraussetzung, um in der Irak-Frage eine eigenständige Position zu beziehen. Das muss man im Zusammenhang sehen. Im Kosovo und in Afghanistan haben wir zu Interventionen Ja gesagt, wobei die Afghanistan-Entscheidung vollständig durch den UN-Sicherheitsrat legitimiert war. Zudem war das ein klarer Fall für Artikel 5 des NATO-Vertrages: Die USA waren am 11. September 2001 auf eigenem Territorium durch Terroristen angegriffen worden, die Schutz fanden in Afghanistan.

*„Deutschlands Sicherheit wird auch am Hindukusch verteidigt", hat Ihr damaliger Verteidigungsminister Peter Struck gesagt. Hat Ihnen der Spruch behagt?*

Meine Argumentation war eine andere. Sie war rein bündnispolitisch motiviert. Der Beteiligung der Bundeswehr an der Operation „Enduring Freedom" unter anderem in Afghanistan lag – zum ersten Mal in der Geschichte – der erklärte Bündnisfall der NATO zugrunde. In so einem Fall hat jeder Partner von uns den Anspruch auf die uneingeschränkte Solidarität, so wie ich das damals gesagt habe. Was hätten wir Deutsche denn von den USA erwartet, wenn wir angegriffen worden wären? Doch nichts anderes. Dafür ist ein Bündnis doch da. Hätten wir uns nicht beteiligt, hätten wir das deutsch-amerikanische Verhältnis ruiniert. Deswegen habe ich die Entscheidung mit einer Vertrauensfrage im Parlament durchgesetzt. Ich habe nie daran geglaubt, dass man in Afghanistan eine Westminster-Demokratie reinsten Typs würde errichten können. Dort sind im 19. Jahrhundert die Engländer gescheitert und später die Russen. Das zeigt übrigens auch, dass es zwar recht leicht ist, reinzugehen, aber schwierig, wieder rauszukommen.

Jetzt geht es darum, die Verantwortung für das Land wieder in die Hände der Afghanen zu legen. In der Phase befinden wir uns noch.

*Auch Sie haben den Einsatz seinerzeit mit humanitären Argumenten begründet, mit Mädchenschulen, die zu retten waren, und solchen Dingen.*

Natürlich haben Menschenrechtsfragen eine Rolle gespielt. Und auch die Einrichtung von Mädchenschulen war wichtig. Aber die eigentliche Begründung war die bündnispolitische Legitimation. Erst nach dieser Erfahrung konnten wir später unser Nein zu einem Irak-Einsatz plausibel begründen. Fischers Einspruch gegenüber den Amerikanern – „I am not convinced" – war erst möglich, nachdem wir mit unserer Beteiligung im Kosovo und in Afghanistan unsere Bündnistreue unter Beweis gestellt hatten.

*Ist Fischer damals mit seinem „Nein" vorgeprescht?*

Das Nein war zu diesem Zeitpunkt von mir bereits festgelegt und zwischen uns abgestimmt. Er bewegte sich also im Rahmen unserer Absprachen. In argumentative Schwierigkeiten wären wir nur gekommen, wenn sich herausgestellt hätte, dass Al-Qaida auch im Irak tätig ist. Dann hätte man nicht mit zweierlei Maß messen können. Dazu ist es ja nicht gekommen, weil sich im Verlauf des Jahres 2002 herausstellte, dass Al-Qaida im Irak Saddam Husseins keine nennenswerte Rolle spielte. Weil daher die ursprüngliche Begründung für eine militärische Intervention nicht mehr griff, verlegte sich die amerikanische Administration auf eine neue Argumentation und behauptete nunmehr, im Irak seien Massenvernichtungswaffen gefunden worden. Und daraus entwickelte sich dann eine intensive Debatte.

*In der haben Sie immer mehr dem UN-Inspekteur Blix vertraut als den Amerikanern.*

Ja, ich habe Hans Blix, dem Chef der für diese Frage zuständigen UN-Rüstungskontrollkommission, sehr vertraut. Er meldete starke Zweifel an, ob es solche Massenvernichtungswaffen im Irak tatsächlich gab. Als sich abzeichnete, dass diese zweite Begründung für eine Intervention, also Massenvernichtungswaffen, auch nicht stimmte, modifizierte die Regierung in Washington ihre Begründung für eine militärische Intervention im Irak erneut und sprach nunmehr immer öfter von einem *regime change*, also von einem Sturz Saddam Husseins.

Da haben wir dann gesagt: Das reicht nicht aus für so einen massiven Militäreinsatz, da können wir nicht mitmachen. Danach kamen wir unter massiven öffentlichen Druck. In praktisch allen deutschen Medien wurde uns vorgehalten, wir ruinierten das deutsch-amerikanische Verhältnis und stellten unsere Bündnisverpflichtungen in Frage. Der Großteil der deutschen Medien wollte, dass wir an der Seite der Amerikaner im Irak intervenierten.

*Aber die Öffentlichkeit auf der Straße, die stand klar auf Ihrer Seite, am Anfang waren vermutlich 80 Prozent der Bevölkerung gegen den Irak-Krieg.*

Mag sein, aber für die Kommunikation, den Dialog mit der Bevölkerung braucht Politik die Medien. Deswegen kann man deren Haltung nicht außer Acht lassen. Eine schwierige politische Situation. Aber noch einmal: Die Tatsache, dass wir auf dem Balkan und in Afghanistan aus unterschiedlichen Gründen Ja gesagt hatten, machte uns freier, die Auseinandersetzung mit den Amerikanern zu führen, weil uns so niemand vorwerfen konnte, wir würden eine Art stillen Pazifismus pflegen und uns nicht partnerschaftlich verhalten. Dieser Zusammenhang ist sehr wichtig. Das zweite Problem war: Wer waren unsere denkbaren Partner?

*Sie brauchten Verbündete.*

Unbedingt. Frankreichs Staatspräsident Jacques Chirac, der später einer unserer wichtigsten Verbündeten auch in dieser Frage war, zögerte anfänglich. Im Verlauf des Jahres 2002 haben wir uns mehrfach getroffen. Er ließ sich nicht festlegen. Und dann habe ich mit Wladimir Putin gesprochen, der seit Frühjahr 2000 russischer Präsident war. Er sagte, er neige eher zu einem Nein, sei aber auch noch nicht festgelegt. Auch das änderte sich später. Ich hatte mit Putin eine Zusammenkunft Anfang Februar 2003 hier in Berlin. Anschließend reiste er weiter nach Frankreich. Dort haben sich er und Chirac – ausdrücklich auch in meinem Namen – auf ein Nein im UN-Sicherheitsrat verständigt. Da wir seinerzeit nicht-ständiges Mitglied in diesem entscheidenden Gremium waren und auch China dort seine ablehnende Haltung zu einem Krieg gegen den Irak signalisierte, hatten wir jetzt starke Partner. Wir waren nicht mehr allein.

Einig waren wir uns vor allem in zwei Punkten: Erstens musste man den von den Vereinten Nationen entsandten Waffeninspektoren die Zeit einräumen, die sie brauchte. Zweitens war ein Militärschlag gegen den Irak nur mit einer entsprechenden Resolution des UN-Sicherheitsrates vorstellbar. Das sahen die Befürworter einer raschen Intervention, allen voran der amerikanische Präsident George W. Bush, anders. Und er hatte starke Verbündete. Für den britischen Premierminister Tony Blair stand von vornherein fest, dass der mit den Amerikanern gehen würde. Und so tat sich bald innerhalb der EU ein tiefer Graben auf. In einem offenen Brief stellten sich schließlich acht auf die Seite der Interventionisten, darunter neben Tony Blair auch die Staats- und Regierungschefs Spaniens, Italiens, Portugals und Tschechiens: José María Aznar, Silvio Berlusconi, José Manuel Barroso und Václav Havel.

*Auf dem EU-Gipfel schlugen die Wellen damals hoch; Chirac wurde regelrecht ausfällig gegen die Verbündeten Amerikas, hat Regierungschefs angebrüllt, sie sollten „das Maul halten".*

Chirac wurde sehr deutlich, das stimmt. Der Widerstand der Franzosen und die Reaktionen der Amerikaner darauf hatten teilweise groteske Züge. Für uns Deutsche war dies ein Prozess der Emanzipation von den USA. Unser Land ist in jenen Monaten erwachsen geworden.

*Sie sagen: Deutschland ist erwachsen geworden, erst mal aber haben Sie den Irak zum Wahlkampfthema gemacht, das Nein hat Ihnen die Wiederwahl 2002 gesichert. Anti-Amerikanismus aus innenpolitischem Kalkül wurde Ihnen deshalb vorgeworfen.*

Das ist ein unhaltbarer Vorwurf. Einmal abgesehen von der Frage, ob man in Deutschland mit außenpolitischen Fragen Wahlkämpfe entscheiden kann, war es doch so, dass zwischen den Worten und den Taten der Amerikaner eine immer größer werdende Lücke klaffte. George W. Bush hatte mir zweimal – während meines Besuchs in Washington und während seines Besuchs in Berlin, also im Januar beziehungsweise im Mai 2002 – unmissverständlich gesagt, dass es keine konkreten Pläne für einen Militärschlag gegen den Irak gebe. Sollte es solche geben, würden wir konsultiert. Außerdem würden die Vereinten Nationen maßgeblich einbezogen. Darauf habe ich mich schon vor dem Wahlkampf öffentlich festgelegt, und hinter diese Position konnte und wollte ich natürlich auch während des Wahlkampfs nicht zurück. Der Druck, den ich damals aushalten musste, war ungeheuer.

*Sie haben sich, noch frisch im Amt, beschwert, dass Sie von Ihrem Vorgänger Helmut Kohl schlecht vorbereitet worden seien, gerade in außenpolitischen Fragen.*

Über eine „schlechte Vorbereitung" durch meinen Vorgänger habe ich mich schon deshalb nicht beschwert, weil man das außenpolitische Geschäft erst erlernt, wenn man im Amt ist. Zwar waren mir außenpolitische Themen nicht ganz fremd, weil ich als junger Bundestagsabgeordneter, als Oppositionsführer und vor allem als Ministerpräsident in Niedersachsen, also seit 1980, immer auch mit solchen Fragen zu tun hatte. Aber was Außenpolitik tatsächlich leisten kann und muss, habe ich erst als Bundeskanzler gelernt.

*Egon Bahr vergleicht in seinem Buch über Willy Brandt dessen Wechsel vom Regierenden Bürgermeister Berlins ins Außenamt mit dem Aufstieg eines soliden Mittelständlers an die Spitze eines internationalen Konzerns.*

So kann man das durchaus sehen, wobei der Berliner Regierende Bürgermeister in der damaligen Zeit ja noch sehr viel stärker außenpolitisch tätig war. Brandt hat seinerzeit ganz selbstverständlich den amerikanischen Präsidenten empfangen. Als Haupt der Frontstadt, wie es damals hieß, an der Nahtstelle des Kalten Krieges, war er außenpolitisch mehr gefordert als ein Ministerpräsident in der Provinz. Dem Neuling im Kanzleramt hilft es, dass das Auswärtige Amt wirklich eine gute Behörde ist. Ich hatte das Glück, außenpolitische Berater zu finden, die ihr Handwerk verstanden.

*Noch mal zurück zum Irak: Die Wahl war damit gewonnen, was aber, wenn die Alliierten doch Massenvernichtungswaffen gefunden hätten?*

Dann hätte ich zurücktreten müssen.

*Umso mehr fühlen Sie sich heute bestätigt von der Geschichte.*

Darum geht es ja nicht. Ich verspüre auch keine Genugtuung, sondern ich halte den Irak-Krieg für ein tragisches
Kapitel der jüngeren Geschichte. Die dafür Verantwort-
lichen wussten zwar, wie sie reingehen wollten, aber sie
hatten keine Vorstellung, wie sie wieder herauskommen
würden. Als sich das Chaos abzeichnete, habe ich dem
amerikanischen Präsidenten signalisiert: Was immer uns
unterschieden hat – wir werden selbstverständlich mithel-
fen, wenn es um den Aufbau eines stabilen und demokratischen Irak geht. George W. Bush hat das Angebot angenommen und James Baker nach Berlin entsandt. Baker
war unter Bushs Vater Außenminister gewesen und sollte
jetzt einen Schuldenerlass für den Irak auf die Beine stellen. Dem haben wir uns auch angeschlossen.

*Wie hat man sich den amerikanischen Druck vorzustel-
len in der Phase vor der Irak-Entscheidung?*

Es gab Gesten der Missachtung – denken Sie etwa daran,
wie der amerikanische Verteidigungsminister Donald
Rumsfeld seinem deutschen Amtskollegen Peter Struck
den Handschlag verweigert hat. Oder auch sein abwerten-
des Gerede vom „alten Europa". Der amerikanische Druck
wurde aber selten direkt ausgeübt, sondern in der Regel
über die deutschen Medien.

*Aber doch nicht gesteuert von Amerikas Regierung!*

Nein, nicht gesteuert, aber getrieben von der Angst der
transatlantisch orientierten Multiplikatoren, dass das
deutsch-amerikanische Verhältnis dauerhaft Schaden neh-

men könnte. Dazu musste niemand vom Weißen Haus oder Pentagon anrufen. Frau Merkel ist ja sogar nach Washington gereist, um sich von der deutschen Bundesregierung zu distanzieren. Ein Fauxpas.

*Wenn es keinen direkten Druck der Amerikaner gab, gab es dann wenigstens Versuche, Sie im persönlichen Gespräch zu überzeugen?*

Nein, nicht nachdem wir gesagt hatten: Wir beteiligen uns nicht. Ein einziger Kollege hat danach noch versucht, Einfluss auf unsere Position zu nehmen, das war der spanische Regierungschef. Aber auch Aznar hatte damit im Februar 2003 keinen Erfolg.

*Außer Aznar hat wirklich niemand versucht, Sie umzustimmen?*

Nein, Aznar war der Einzige. Tony Blair hat zu keinem Zeitpunkt versucht, mich von einer deutschen Beteiligung am Irak-Krieg zu überzeugen. Dabei habe ich seine Position noch am ehesten nachvollziehen können: wegen der traditionell engen Beziehungen Großbritanniens zu den USA gab es aus Sicht des britischen Premiers eigentlich keine Alternative.

*In Deutschland dagegen funktionieren die anti-amerikanischen Reflexe zuverlässig. Widerworte gegen den „bösen Cowboy" Bush waren sehr populär.*

Der Gerechtigkeit halber will ich aber doch festhalten, dass ich George W. Bush nie so wahrgenommen habe, wie er auch in der deutschen Öffentlichkeit durchweg dargestellt worden ist. Er ist ein umgänglicher Mann. Das hat ihm und mir geholfen, nach dem Zerwürfnis während der Irak-Krise wieder zu einer guten Arbeitsbeziehung zu finden. Der Präsident – und seine Frau – sind ja im März 2005 noch einmal nach Deutschland gekommen. Das hätten sie nicht gemusst. Insgesamt konnte man übrigens mit George W. Bush viel offener umgehen als mit seinem Amtsvorgänger, obgleich ich natürlich mit Bill Clinton in vielem politisch übereinstimmte und wir uns auch persönlich gut verstanden. Bush trat unprätentiös auf, kam sozusagen nicht als die personifizierte Supermacht daher. Clinton ließ uns hingegen immer spüren, dass er der Präsident der Vereinigten Staaten von Amerika war. Und er hatte eine Unart, die uns Europäer ziemlich geärgert hat.

*Was hat er angestellt?*

Bill Clinton kam immer zu spät. Aber nicht etwa eine Viertelstunde, sondern er ließ uns oft bis zu einer Stunde warten. Das war bei Bush nicht so. Der verstand es immer, eine angenehme Atmosphäre zu verbreiten. Schließlich will ich zu Bush natürlich auch sagen: Wer einen amerikanischen Wahlkampf erfolgreich übersteht, der ist ein politisches Kaliber. So jemand ist in der Lage, sich in diffizile Fragen so einzuarbeiten, dass er Entscheidungen treffen kann. Was aber nicht bedeutet, dass keine falschen Entscheidungen getroffen werden.

*Deutschland war nicht offiziell dabei im Irak, hat aber den Krieg indirekt unterstützt – so wurde Ihnen jedenfalls später vorgeworfen.*

Wir haben immer gesagt: Wir sind gegen den Krieg im Irak. Wir haben aber nie gesagt: Wir wollen raus aus der NATO, oder: Wir wollen die deutsch-amerikanische Freundschaft in Frage stellen. Es war doch völlig selbstverständlich, die amerikanischen Kasernen in Deutschland zu schützen, gerade in solch einer angespannten Situation. Und wir haben der Öffentlichkeit nichts verschwiegen. Diese Maßnahmen waren angekündigt.

*Das ist keine Beteiligung am Krieg, wie Ihnen die Linke vorgehalten hat?*

Nein, der Vorwurf ist abwegig. Er zeigt im Übrigen, wie realitätsfern – und so gesehen koalitionsuntauglich – die Linke war und ist. Immerhin sind die Amerikaner unsere Bündnispartner, und schon deshalb hätten wir ihr Ersuchen, ihnen die Überflugrechte zu erteilen, nicht verweigern können. Und schon gar nicht wollten wir ihre Bitte ausschlagen, den Schutz ihrer Kasernen in Deutschland zu übernehmen. Hätten wir im Ernst anderthalb Jahre nach dem 11. September 2001 sagen sollen: Was kümmert uns eure Sicherheit?

*Und die Hilfe durch den Bundesnachrichtendienst im Irak?*

Da gilt dasselbe. Sollten wir einem befreundeten Land sagen: Weil ihr eine falsche Entscheidung getroffen habt, werden wir euch Informationen vorenthalten, die für den Schutz eurer Soldaten wichtig wären? Das kann man nicht machen, und das wollten wir nicht tun.

*Sie sprachen jetzt von den Freunden in Amerika. Unter Willy Brandt hieß es: Die Amerikaner sind Partner, Freunde sind die Europäer. Gibt es da eine Akzentverschiebung?*

Nein, das würde ich nicht sagen. Zudem gilt für die Zeit der Block-Konfrontation, dass die Amerikaner für die Bundesrepublik mehr als nur Partner waren.

*Ein Partner, der die Spitze unseres Staates abhört. Hätten Sie den NSA-Skandal für möglich gehalten?*

Mich hat an der NSA-Affäre vor allem überrascht, dass so viele so überrascht sind. Dass sich Staaten gegenseitig ausspionieren, ist schließlich keine neue Erfahrung. Das Telefon der Bundeskanzlerin abzuhören, geht in der Tat zu weit. Ansonsten bin ich immer davon ausgegangen, dass ein anderer Staat, ob er nun mit uns befreundet ist oder nicht, versucht auszuleuchten, was der Hintergrund einer bestimmten Entscheidung ist

*Sie haben damit gerechnet, als Kanzler abgehört zu werden in der Phase des Irak-Krieges?*

Natürlich wird man versucht haben, die Beweggründe für unser Nein zum Irak-Krieg herauszufinden. Alles andere

halte ich für realitätsfremd. Früher wurden Spione eingesetzt, heute sind es Technologien. Und da haben die Amerikaner aufgrund ihres technologischen Potenzials einen
Wettbewerbsvorteil. Der Skandal besteht darin, dass Pri-
vatleute flächendeckend ausgehorcht werden – diese Total-
überwachung erinnert doch stark an das Szenario von
George Orwells „1984". Dagegen muss man etwas unternehmen.

*Ist Edward Snowden, der die NSA-Affäre ins Rollen
brachte, für Sie ein Held oder ein Landesverräter, wie
ihn die Amerikaner schelten?*

Ich würde seine Rolle positiver beurteilen, als das die Amerikaner tun.

*Hätten Sie ihm dann Asyl gewährt?*

Für Snowden ist es erst mal gut, dass er mit Russland ein
Land gefunden hat, das ihm zumindest zeitweise ein Asyl
gewährt. Dass die deutsche Regierung dies nicht getan
hat, kann ich nachvollziehen. Ich hätte wohl genauso entschieden, wäre ich noch im Amt gewesen. Es hätte einen
schweren Bruch im Verhältnis zu Amerika bedeutet, der
nur mühsam zu heilen gewesen wäre. Aber die Bundesregierung kann etwas anderes für ihn tun. Sie kann sich
dafür einsetzen, dass er freies Geleit in einen Drittstaat,
etwa Brasilien, erhält.

*Wie stehen Sie persönlich zu Amerika?*

Für mich persönlich muss ich sagen, dass ich Amerika nicht besonders gut kenne, dort auch nicht leben wollte. Ich bin überzeugter Europäer, ich könnte in jeder europäischen Stadt leben, vorzugsweise im Süden, aber nicht in Amerika. Das alles hat nichts mit meiner Wertschätzung für Amerika zu tun. Mich fasziniert die ungeheure Dynamik seiner Wirtschaft, das Pragmatische, wie die Amerikaner an die Dinge herangehen, aber auch die Direktheit in den persönlichen Bereichen.

*Die Haltung Ihrer Generation, der 68er, zu Amerika war einigermaßen paradox: Man übernahm den* American way of life, *die Popkultur, aber bekämpfte das politische System.*

Natürlich war ich als junger Mann gegen den Vietnam-Krieg. Aber ich war kein Anhänger der Popkultur, hatte schlicht keine Beziehung dazu.

*Kamen Sie als Student in Göttingen nicht wenigstens in Kontakt zur Musik der Protestbewegung?*

Nein, Musik hat mich weniger interessiert. Das einzige große Konzert, das ich während meiner Studentenzeit besucht habe, war ein Auftritt der Dubliners, Irish Folk. Das hat mir gefallen.

*Von der Musik zurück zur Realpolitik: Wie sehen Sie denn heute die Rolle, die Amerika in der Welt einnimmt? Orientieren sich die USA in Richtung Pazifik, weg von Europa?*

Dass die Amerikaner sich auch als pazifische Macht begreifen, ist so neu nicht. Dazu müssen Sie nur lesen, was Henry Kissinger in seinem Buch über China geschrieben hat. Es ist auch ganz normal, dass sich die Vereinigten Staaten in besonderer Weise mit China auseinandersetzen, immerhin ist das Land ihr größter Gläubiger. Die beiden Länder sind sehr viel stärker voneinander abhängig, als das in der öffentlichen Debatte wahrgenommen wird: Die Chinesen brauchen für ihre Exporte den amerikanischen Markt. Und die Amerikaner brauchen die Möglichkeit, den Chinesen ihre Staatspapiere zu verkaufen, um so ihre Schulden zu finanzieren. So entwickelte sich dieses merkwürdige gespaltene Verhältnis zwischen beiden. Die Chinesen bewundern Amerika wegen seiner ökonomischen Power und seiner Weltmachtposition. Und umgekehrt haben die Amerikaner einen Riesenrespekt vor der Leistungsfähigkeit des chinesischen Volkes, und irgendwie spüren beide, dass sie aufeinander angewiesen sind. Stellen Sie sich nur mal vor, die Chinesen hätten während der Lehman-Brothers-Krise einen Teil ihrer amerikanischen Staatspapiere auf den Markt geworfen!

*Die Chinesen hätten sich selbst geschadet: Wenn die amerikanischen Staatsanleihen nichts mehr wert sind, trifft das als Erstes sie selbst.*

Eben. Ich war zu der damaligen Zeit in China und habe amtierende und frühere Kollegen in der Regierung gefragt, warum sie die US-Papiere nicht abgestoßen haben. Die haben nur gesagt: Warum sollten wir? Das hätte uns doch auch geschadet. In dem Maße, wie in Amerika ökonomische Schwierigkeiten auftauchen, wird die Nachfrage nach chinesischen Gütern zurückgehen. Chinas Exportinteresse entspricht dem amerikanischen Interesse an einem vernünftigen Umgang mit den Staatspapieren Amerikas. Insofern haben die Chinesen eine kluge Entscheidung getroffen: Sie haben sich nicht von amerikanischen Staatspapieren getrennt, sondern ein gewaltiges Konjunkturprogramm im Inneren aufgelegt – was nicht nur den Chinesen selbst, sondern insbesondere auch der deutschen Exportwirtschaft sehr geholfen hat. So gesehen hat die chinesische Führung in der Finanzkrise ein hohes Maß an außenpolitischer und wirtschaftspolitischer Vernunft an den Tag gelegt. Das muss man anerkennen.

*Und wo steht Europa im Vergleich zu den Supermächten Amerika und China? Sinkt die globale Bedeutung des Kontinents?*

Europa hat dann und nur dann eine Chance, ökonomisch wie politisch auf einem ähnlichen Level zu agieren, wenn wir drei Dinge tun: Erstens müssen wir die verstärkte Integration Europas hin zu einer politischen Union voranbringen; zweitens sollten wir die Türkei in die EU aufnehmen; und drittens brauchen wir ein assoziiertes Verhältnis mit Russland. Diese drei zentralen Punkte entscheiden darüber, ob Europa künftig eine globale Rolle spielen kann oder nicht.

*Ist die Türkei überhaupt reif für die EU? Heute ist das Land keine Demokratie nach westlichem Vorbild.*

Der türkische Ministerpräsident Erdogan hat vieles geschafft, um die Türkei auf den Weg nach Europa zu bringen: Die einstige Dominanz des Militärs ist gebrochen. Die Wirtschaft hat in den vergangenen zehn Jahren einen großen Aufschwung genommen. Auf der anderen Seite gibt es noch viele Defizite, zum Beispiel den immer noch vorhandenen Mangel an Bereitschaft, den christlichen Kirchen auch materiell das Maß an Bewegungsfreiheit einzuräumen, das sie brauchen. Das muss sich ändern. Solche Defizite auch bei der Rechtsstaatlichkeit zu beseitigen, das ist der Sinn und der Kern der Beitrittsverhandlungen. Wir, die EU, haben ja Kriterien festgelegt, die erfüllt sein müssen, damit die Türkei EU-Mitglied werden kann: Demokratie, Rechtsstaatlichkeit, wirtschaftliche Öffnung zum Beispiel. Aber ein Aspekt ist für mich besonders wichtig: Die Türkei ist eine Gesellschaft, in der es möglich – und zum Teil auch schon gelungen – ist, einen nicht-fundamentalistischen Islam mit den Werten der europäischen Aufklärung zusammenzubringen.

*Entwickelt sich das Land in jüngster Vergangenheit nicht wieder weg vom Ideal der Aufklärung, in Richtung fundamentalistischer Islam?*

Man kann das so sehen. Ich bin mir nicht sicher. Ich fürchte eher, dass die Regierung sich mit einigen Entscheidungen um ihre eigenen politischen Erfolge bringt. Religiöser Eifer etwa in der Frage der Gleichberechtigung passt nicht zur Rolle einer in die EU integrierten Türkei. Auch die ablehnende Haltung zu den Partizipationswünschen einer gut ausgebildeten Jugend widerspricht den eigenen Verfassungsgrundsätzen und könnte auch die ökonomische Attraktivität gefährden. Ebenso ist die Unabhängigkeit der Justiz zu wahren, gerade bei der Bekämpfung der Korruption.

*Also haben doch die recht, die sagen: Die Türkei hat noch nichts in der Europäischen Union zu suchen.*

Nein, im Gegenteil: Umso wichtiger ist es jetzt, den Beitrittsprozess fortzusetzen, denn dieser verpflichtet die Türkei, unseren Wertekanon Schritt für Schritt zu übernehmen. Wir müssen verhindern, dass das Land sich dem Mittleren Osten zuwendet, sich stärker nach Osten und Süden orientiert als nach Westen, nach Europa. Denn der Sicherheitszuwachs einer in Europa integrierten Türkei ist erheblich. Im Übrigen ist das, was wir jetzt erleben, die Ablösung des Kemalismus als Staatsräson. Der Kemalismus war die Ideologie einer Minderheit, die der Gesellschaft ihre Vorstellungen aufgezwungen hatte. Das war für die türkische Gesellschaft vor 80, 90 Jahren ein großer Modernisierungsschub, zu dem sie aber, auch mit Gewalt, gezwungen wurde. Unter der Herrschaft des Militärs konnte sich eine westlich orientierte Elite entwickeln. Religion wurde zur Privatangelegenheit erklärt. Der Kemalismus konnte aber nur durch wiederholte Interventionen der Militärs gesichert werden, denn es gab starke gesellschaftliche Widerstände: zum Beispiel die unzufriedenen Bauern, die große Gruppe der Kurden, die nach mehr Rechten streben, und die städtischen Mittelschichten, deren Entwicklungsmöglichkeiten begrenzt waren. Erdogans Leistung war die Vereinigung dieser Kräfte unter dem Dach islamischer Religiosität und ihre Verbindung mit der westlichen Moderne. Unter seiner Führung wurde das Militär entmachtet, der Primat der Politik über das Militär wiederhergestellt. Dann hat man ein unglaubliches Wirtschaftswachstum in Gang gesetzt und nicht zuletzt den Aussöhnungsprozess mit den Kurden begonnen. Das sind unter dem Strich gewaltige Leistungen, die das Land insgesamt demokratischer und Europa-tauglicher gemacht haben.

*Eine Furcht, die sich mit dem EU-Beitritt verbindet, ist: Dann strömen Millionen junger Türken nach Deutschland.*

Erstens ist diese Sorge unbegründet. Schauen Sie sich die ökonomische Situation in der Türkei an: ein durchschnittliches Wachstum von mehr als sechs Prozent in den vergangenen Jahren. Eine Auswanderungswelle steht daher nicht zu befürchten. Im Moment erleben wir eher die umgekehrte Bewegung: eine Abwanderung von qualifizierten türkischstämmigen Deutschen. Und zweitens: Dringend notwendig ist es, die Situation junger Menschen mit türkischen Wurzeln, ob sie nun schon Deutsche sind oder nicht, grundlegend zu verbessern. Diese jungen Menschen müssen wir ausbilden, sie müssen alle Aufstiegsmöglichkeiten haben. Das müssen wir erreichen, und zwar aus eigenem ökonomischem Interesse. Wir brauchen Integration und Einwanderung, um unseren Lebensstandard erhalten zu können.

*Kann die Türkei überhaupt noch ein Vorbild für andere islamische Staaten sein? Der arabische Frühling ist doch gescheitert.*

Der Westen hatte große Erwartungen an den arabischen Frühling, ehrlich gesagt: zu große. Diese Erwartungen konnten wegen der gesellschaftlichen Realitäten nicht oder nur zum Teil erfüllt werden. Dennoch hat sich gerade in Ägypten und auch in Tunesien gezeigt, dass es einen modernen, aufgeklärten Teil in der Gesellschaft gibt, der mehr Rechte einfordert. Aber das ist die Minderheit, die Mehrheit der Bevölkerung ist traditionell, konservativ, sehr religiös; das haben ja in den meisten Fällen auch die Wahlen bestätigt.

*Warum weigert sich der Westen eigentlich beharrlich, den Militärputsch in Ägypten einen Militärputsch zu nennen?*

Natürlich war es ein Militärputsch. Das kann man gar nicht anders nennen. Für mich wird an dem Verhalten des Westens etwas anderes deutlich.

*Doppelzüngigkeit?*

Ich würde es eher so formulieren: Der Westen legt in der Frage von Demokratie und Menschenrechten weltweit unterschiedliche Standards an. Was in dem einen Land heftig kritisiert wird, das lässt man in anderen Ländern durchgehen. Das ist eine problematische Haltung, man könnte es auch scheinheilig nennen.

*Auch in Libyen scheint die Lage außer Kontrolle zu geraten. Milizen bekämpfen sich, die Zentralregierung ist machtlos. War die Militärintervention des Westens ein Fehler?*

Ich habe die Haltung der Bundesregierung …

*… sie hat sich 2011 im UNO-Sicherheitsrat enthalten …*

… nicht kritisiert, weder zum Zeitpunkt der Entscheidung noch danach. Ob die militärische Unterstützung richtig oder falsch war, das kann man jetzt noch nicht einschätzen. Diese Frage zu beantworten ist für einen Politiker auch müßig, denn die Intervention hat nun einmal stattgefunden, und jetzt muss es darum gehen, mit den Konsequenzen fertigzuwerden. Für uns Europäer ist von Interesse, dass kein Gürtel der Instabilität von Tunesien über Libyen und Ägypten bis hin nach Syrien und in den Iran entsteht. Wir müssen die Stabilität der Region im Auge behalten.

*Die EU hat mit Gaddafi ja gut zusammengearbeitet. Er hat die Islamisten unter Kontrolle gehalten, die Flüchtlinge nicht über das Mittelmeer gelassen, zuverlässig Öl und Gas geliefert. Bei Mubarak war es ähnlich. Der Westen hat ihn hofiert, Sie als Kanzler ja auch, dafür hat er Stabilität garantiert und Israel in Ruhe gelassen. Mal überspitzt formuliert: Wär's nicht besser gewesen, die wären noch an der Macht?*

Nein, das glaube ich nicht. Gesellschaftliche Entwicklungen, die sich in solchen Ereignissen wie dem arabischen Frühling entladen, können nicht ignoriert oder gar aufgehalten werden. Was Mubarak und auch Gaddafi betrifft: Ja, wir haben mit ihnen zusammengearbeitet. Das musste man auch. Mit wem denn sonst? Wir haben weltweit mehr als 190 Staaten, und ich schätze, weniger als die Hälfte entspricht den Vorstellungen, die wir von einer Demokratie haben. Sollten wir deshalb unsere Kontakte mit jener Hälfte abbrechen, die unseren Wertvorstellungen nicht entspricht? Das geht doch gar nicht, und das wäre auch gar nicht sinnvoll. Je mehr man einen Staat, ein Regime oder einen einzelnen Machthaber isoliert, umso weniger Einflussmöglichkeiten hat man. Das ist ja gemeint, wenn man vom „Wandel durch Annäherung" spricht. Häufig ist es so, dass Veränderungen nur langfristig erreicht werden können, durch kleine Schritte. Das geht manchem zu langsam, ich weiß.

*Warum haben sich die Russen im Syrien-Konflikt so quergelegt?*

Es hat in der Tat zu lange gedauert, bis sich die russische Syrien-Politik geändert hat. Aber das hatte auch mit den Erfahrungen des Libyen-Einsatzes zu tun. Russland hat als Veto-Macht damals den UN-Sicherheitsratsbeschluss zu Libyen nicht blockiert. Der ist dann von den USA, Frankreich und Großbritannien – sagen wir es mal so – sehr offensiv ausgelegt worden, zumindest nicht so, wie die Russen das gerne gesehen hätten. Diese Erfahrung wollte man in Moskau nicht noch einmal machen. Wenn Sie so wollen, war das eine Folge von fehlendem gegenseitigem Vertrauen.

*Welche Rolle sehen Sie für Deutschland bei der Beilegung von internationalen Konflikten, die vergleichbar mit dem in Syrien sind?*

Bundespräsident Gauck hat im Jahr 2013 in einer Rede zu Recht beklagt, dass Deutschland in internationalen Konflikten zu wenig Verantwortung übernimmt. Das betrifft ja nicht nur die Frage militärischer Einsätze, sondern auch die Frage, welchen diplomatischen Beitrag man leisten möchte, um solche Konflikte friedlich beizulegen. Wir haben in meiner Amtszeit begonnen, als europäische Mittelmacht mehr internationale Verantwortung zu übernehmen. Die Stichworte sind Kosovo, Afghanistan, Irak. Dahinter kann niemand mehr zurück. Deutschland wird sich seiner Verantwortung, wenn sie international erwartet oder eingefordert wird, nicht mehr entziehen können.

## KAPITEL 5

# Wie durchlässig ist die Gesellschaft?

*Herr Schröder, wie steht es aus Ihrer Sicht um die Durchlässigkeit der Gesellschaft?*

Diese Frage hat mich politisch immer bewegt, und sie wird es auch weiterhin tun: Wie schafft man den Aufstieg durch Bildung? Was kann die Politik tun, um auch denen, die wie ich aus nicht privilegierten Schichten der Gesellschaft stammen, mithilfe von Bildung Aufstiegschancen zu eröffnen? Wie kann man auch denen eine Chance bieten, die dabei – aus welchen Gründen auch immer – nicht den Ehrgeiz entwickeln können, der mir zur Verfügung stand? Das hat mich immer angetrieben: Zustände zu schaffen, die es jeder und jedem ermöglichen, einen Platz in Deutschlands hohen und höchsten Schulen zu finden, ohne dass es auf den Geldbeutel der Eltern ankommt. Die alte Arbeiterweisheit „Wissen ist Macht" hat mich immer fasziniert. Die bedeutet ja: Wenn du was lernst, kommst du nach oben. Und diese Arbeiterweisheit habe ich gelebt.

*Aber ist das in der Realität heute immer noch so?*

Es gab ja 2001 diese erste Pisa-Studie. Die hat international die schulischen Leistungen verglichen. Das Ergebnis war für alle in Deutschland ein Schock. Und zwar nicht die Tatsache, dass es Unterschiede zwischen den Bundesländern gab – das war ja bekannt –, sondern dass wir so weit entfernt von einer durchlässigen Gesellschaft waren. Ich hätte nie geglaubt, dass der schulische Erfolg der Kinder in Deutschland so stark von der Herkunft abhängt. Wir lagen im internationalen Vergleich auf einem der hintersten Plätze.

*Sie waren damals in Regierungsverantwortung. Haben Sie genug getan, um die Fehlentwicklungen auszugleichen?*

Als Bundeskanzler? Das ist ausgesprochen schwierig, da die Bildungspolitik nun einmal Ländersache ist. Bevor die Länder 2006 endgültig die Hand darauf gelegt haben, gab es immerhin noch einen gewissen Spielraum. Den haben wir im Rahmen unserer Agenda 2010 genutzt, vier Milliarden in die Hand genommen und damit insbesondere dem Bau von Ganztagsschulen einen kräftigen Schub gegeben. Erstaunlicherweise gab es selbst dagegen noch Widerstände aus den Ländern. Dann haben wir den Gemeinden Geld gegeben, damit diese mehr Plätze in den Kindertagesstätten schaffen konnten, und wir haben Hunderte Millionen Euro für die Sprachkurse für Migrantenkinder ausgegeben. Denn nur wer gut Deutsch kann, hat in der Schule und auf dem Arbeitsmarkt eine Chance. Wer nichts versteht, ist außen vor. In der Schule, im Verein, auf der Arbeit. Also: Deutsch lernen ist ganz wichtig.

*Haben die Bundesprogramme was gebracht?*

Es war der Versuch, im Rahmen der begrenzten Kompetenzen des Bundes etwas zu verbessern. Ob das alles ausreichend war, bezweifle ich. Die Experten sagen zwar, dass seitdem Fortschritte gemacht worden sind und der Bildungsstand sich verbessert hat, aber bei der Integration haben wir noch erheblichen Nachholbedarf. Das ist jetzt Aufgabe der Ministerpräsidenten und der Kultusminister der Länder. Jedem muss klar sein: Wenn das Bildungsangebot nicht ausreichend oder nicht gut genug ist, dann gerät die Offenheit der Gesellschaft, die durch Leistung, insbesondere durch Bildungsleistung, auch Aufstieg verspricht, in Gefahr – und das halte ich für ein schwerwiegendes Problem.

*Wie kann diese Entwicklung aufgehalten werden? Wie sind die abgehängten Jugendlichen zu erreichen?*

Das geht eigentlich nur über die Schule und eine Förderung derjenigen, die sie nötig haben. Dazu brauchen wir gutes Personal an den Schulen, Psychologen, Sozialarbeiter, Erzieher und natürlich gut ausgebildete und motivierte Lehrerinnen und Lehrer, die den Unterrichtsstoff beherrschen und bewältigen und dennoch jeden einzelnen Schüler mit seinen Schwächen und Stärken im Blick haben. Ich habe großen Respekt für sensible Lehrer, die begreifen: Da ist ein Kind, das könnte es schaffen, obwohl es vielleicht von zu Hause nicht die besten Voraussetzungen mitbekommt, weil die Eltern nicht so gut Deutsch können oder sie es finanziell nicht leicht haben. Das muss gefördert werden.

*Und das aus dem Mund eines Mannes, der die Lehrer mal als „faule Säcke" beschimpft hat!*

Oh ja, ich kann mich noch gut erinnern. Ich war noch Ministerpräsident. Es war ein Interview mit einer Schülerzeitung, das ist mir damals so rausgerutscht. Ein Riesenfehler. Heute sehe ich das natürlich anders, vielleicht auch weil ich in den letzten Jahren durch unsere zwei kleinen Kinder mehr von den Schulen und dem Unterricht mitbekommen habe. Ich glaube auch, dass wir den Lehrern zu viel aufhalsen und sie damit überfordern. Haben wir ein gesellschaftliches Problem, heißt es rasch, die Schule möge sich darum kümmern. Wenn man das will – und einiges spricht dafür –, dann braucht man allerdings auch entsprechende Lehrerschaften. Heute ist die Hälfte aller Lehrer älter als 50 Jahre. Ein Generationswechsel in den Schulen ist nötig, sonst sind die Anforderungen nicht zu schaffen.

*Nicht wenige sagen, dass es in der Schule schon zu spät sei. Die Förderung müsse früher ansetzen ...*

... was auch stimmt. Deswegen hat die von mir geführte Bundesregierung mit der besseren Betreuung für unter 3-Jährige begonnen. Das war noch eine Zeit, in der viele Konservative gesagt haben: Bloß nicht! Lasst die Kleinkinder bei den Müttern! Ich halte eine möglichst frühe Betreuung der Kinder in Krippen und Kindertagesstätten für unerlässlich. Die ist viel wichtiger als das Betreuungsgeld. Das gilt vor allem für Kinder aus Zuwandererfamilien oder auch sozial schwachen deutschen Familien. Wenn aber die Kindertagesstätten immer stärker eine Art Bildungseinrichtung werden, dann müssen auch die personellen Voraussetzungen stimmen. Bei der Ausbildung von Erziehern und Erzieherinnen hat sich ja schon einiges getan, aber sie werden immer noch zu schlecht bezahlt.

*Es mehren sich die Stimmen, die Deutschland auf dem Weg zurück zur Klassengesellschaft wähnen. Würden Sie so weit gehen in Ihrem Urteil?*

Das Problem ist nicht die Existenz von Klassen, sondern dass die Gesellschaft nicht durchlässiger geworden ist. Bildungserfolg und Elternhaus sind in Deutschland immer noch viel zu eng aneinander gekoppelt. Damit es in Deutschland wieder eine größere Chancengerechtigkeit gibt, muss die Verbesserung der Bildungssituation die zentrale Aufgabe einer nächsten Reform-Agenda sein. Die Investitionen in diesem Bereich müssen entlang der gesamten Bildungskette – von der frühkindlichen Erziehung bis hin zu den Universitäten – erhöht werden. Das langfristige Ziel muss die gebührenfreie Betreuung und Bildung für alle sein.

*Unter jungen Leuten, sagt eine Allensbach-Umfrage, verbreitet sich der Statusfatalismus: Sie glauben nicht mehr daran, dass sie es schaffen können: 55 Prozent der unter 30-Jährigen sagen: Der eine steht oben, der andere unten.*

Hieran sehen Sie die persönliche Erfahrung einer mangelnden Durchlässigkeit in unserer Gesellschaft. Das war übrigens in den 50er Jahren des vergangenen Jahrhunderts schon einmal anders, weil der kriegsbedingte Ausfall einer Generation die verkrusteten gesellschaftlichen Strukturen aufbrach. Heute hat sich bei vielen jungen Menschen die Erfahrung festgesetzt: Wer aus der Oberschicht kommt, hat es leichter in der Schule als das Unterschichtkind. Das ist eine gefährliche Entwicklung. Sie bedeutet das Ende der offenen Gesellschaft. Da müssen wir gegensteuern und das Bildungssystem entsprechend einrichten.

*Heute wird oft so getan, als hänge an der Abiturientenquote das Wohl des Landes: Je mehr Hochschulabsolventen, desto besser geht's der Gesellschaft. Kann man den Abiturienten-Anteil eines Jahrgangs wirklich immer weiter steigern, wenn die Leute von Natur aus heute im Schnitt gleich begabt sind wie vor Jahren? Der sicherste Weg ist es doch, die Anforderungen immer weiter zu senken, bis irgendwann jeder das Abitur schafft.*

Das Gegenteil ist richtig: Wir müssen die Zahl der Abiturienten eher noch steigern. Als eine der führenden Wirtschaftsmächte der Welt und als ein rohstoffarmes Land ist Deutschland auf das Wissen und Können seiner Menschen angewiesen. In deren Köpfen liegt unsere Zukunft. Also müssen wir diesen Wissens-Rohstoff pflegen und fördern. Das heißt: In Bildung und Ausbildung liegt die Zukunft unseres Landes. Verglichen mit anderen Industrienationen studieren bei uns immer noch zu wenige. In Deutschland sind es nur 46 Prozent eines Jahrgangs, im OECD-Durchschnitt sind es 60 Prozent. Wir brauchen mehr Hochqualifizierte, Akademiker, denn es ist ja bekannt, dass wir einen erheblichen Fachkräftemangel haben.

*Wie gut oder schlecht beurteilen Sie den heutigen Stand der deutschen Bildung jenseits der Schule?*

Sie kann sich sehen lassen. Das gilt vor allem für unsere duale Berufsausbildung, weltweit geachtet und kopiert.

Nicht ohne Grund fangen die Länder mit hoher Jugendarbeitslosigkeit – Spanien, Frankreich und andere – jetzt an und schauen: Was können wir übernehmen? Auch unsere Hochschulen stehen nicht schlecht da. Wir sind in der Breite gut aufgestellt. Klar, die USA haben diese Leuchttürme: Harvard, Yale, MIT. Aber was kommt danach? In Amerika gibt es diese extremen Qualitätsunterschiede zwischen den Universitäten. Die haben wir in Deutschland nicht; selbst wenn Sie bei uns an eine kleine Universität in der Provinz gehen, bekommen Sie eine solide Ausbildung. Die Qualität in der Breite ist wichtig. Was wir brauchen, ist eine hochwertige Ausbildung möglichst vieler Studierenden. Diese müssen wir gezielt fördern, ihnen Zukunftschancen bieten, damit die jungen Talente nicht abwandern, sondern hier bleiben.

Und dann haben wir während meiner Kanzlerschaft beschlossen, dass unsere Hochschulen nicht nur in der Breite, sondern auch in der Spitze Erfolg haben sollen. Wir wollten in der Forschung noch besser werden, damit wir international mithalten können. Deswegen haben wir 2005 die Exzellenzinitiative gestartet und ausgewählten Universitäten fast zwei Milliarden Euro gegeben. Das wurde dann bis 2017 verlängert. Und siehe da: Vielen ist jetzt bewusst, dass wir Spitzenuniversitäten haben, die international ganz vorne dabei sind. Nehmen Sie mal die Rheinisch-Westfälische Technische Hochschule Aachen, die bietet die weltweit beste Ingenieursausbildung.

*Der Ökonomie-Nobelpreisträger Daniel Kahneman empfiehlt, Kinder möglichst früh zu fördern, da das früh investierte Geld am effizientesten ausgegeben ist. Aber ist*

*die Krippe wirklich im Sinne der Kinder? Kinderärzte*
*warnen vor den späteren Folgen, wenn Kinder zu früh*
*wegkommen von der Mutter.*

Hier würde ich realistisch bleiben: Das entscheiden die Eltern selbst, wann der richtige Zeitpunkt ist. Bei der Kinderbetreuung geht es auch um die Nachfrage nach Plätzen. Immer mehr Mütter wollen nach der Geburt des Kindes wieder zurück ins Berufsleben. Und das sollen sie auch können, denn es handelt sich um qualifizierte Arbeitnehmerinnen, und es ist schlicht eine Frage der Gleichberechtigung. Die Nachfrage ist also da. Aber niemand ist gezwungen, sein Kind in die Obhut staatlicher Betreuung zu geben. Das ist ein Angebot, das der Staat macht, keine Pflicht.

*Das wäre noch schöner!*

Eben. Falsch ist aber dieses Angebot eines Betreuungsgeldes. Machen wir uns doch nichts vor: Keine berufstätige Frau würde deswegen aufhören zu arbeiten und auf die Kinderbetreuung außer Haus verzichten. Wohl aber mögen gerade die Frauen so entscheiden, deren Kinder aufgrund der spezifischen Lebensumstände eine frühe Förderung besonders nötig hätten.

*Und was bedeutet es aus Ihrer Sicht für die Durchlässigkeit der Gesellschaft, wenn die Kinder Wohlhabender auf Privatschulen geschickt werden? Bringt der Wettbewerb mit öffentlichen Schulen das Bildungssystem insgesamt nach vorne, oder sind die Privatschulen ein Anschlag auf die Chancengleichheit, wie es für gewöhnlich auf der Linken heißt?*

Privatschule in Deutschland heißt normalerweise: Es gibt eine Schule in kirchlicher Trägerschaft, oder sie hat eine besondere pädagogische Ausrichtung – zum Beispiel Montessori- oder Waldorfschulen. Diese haben alle ihre Existenzberechtigung, weil die Trägerschaft im Falle der Kirchen historisch gewachsen ist oder weil sie eine Ausrichtung anbieten, die staatliche Schulen nicht bieten können oder wollen. Als Ministerpräsident in Niedersachsen habe ich mich immer dafür eingesetzt, dass diese Schulen staatlich gefördert werden. Unter dem Strich sage ich: Eine Privatschule qualifiziert nicht besser als ein gutes Gymnasium oder eine gute Gesamtschule. Was aber für mich entscheidender ist als die Frage: Private oder staatliche Schule? ist die Vergleichbarkeit der Bildungsabschlüsse zwischen den Bundesländern. Und dafür müssen die Kultusminister sorgen. Überhaupt halte ich eine größere Transparenz beim Abitur für notwendig. Der Weg zum bundesweiten Zentralabitur ist noch weit. Aber die Länder bewegen sich in diese Richtung. Und das halte ich für gut.

*Sie haben sich immer dazu bekannt, dass es eine Elite geben muss in Deutschland. Nur: Wer gehört dazu?*

Elite ist leider ein mäßig beleumundeter Begriff, diplomatisch ausgedrückt. Trotzdem meine ich: Es muss eine Leistungselite geben. Es muss eine möglichst große Zahl von Leuten geben, die sich nicht nur fragen: Was tue ich für mich, für meine Familie und für meinen Lebensstandard?

Elite beinhaltet für mich zweierlei: Erstens Leistungsbereitschaft und zweitens sich Gedanken zu machen, was ich jenseits des eigenen Wohlergehens für die Gesellschaft tun kann, die mir diese Bildungs- und Aufstiegsmöglichkeiten eröffnet hat. Das heißt für mich Elite.

*Gesellschaftliches Engagement ist dafür unabdingbar?*

Ja, ich halte das für wichtig. Das kann in der Kirche sein, in einer Partei, der Dritte-Welt-Gruppe oder im Sportverein – von diesem Engagement lebt eine Gesellschaft, daraus bezieht sie ihren Zusammenhalt. Insofern würde ich eher von Leistungseliten reden. Zur Elite gehört man nicht qua Geburt, sondern qua Leistung und Engagement.

*Spitzenverdiener ist nicht gleich Elite?*

Natürlich nicht. Geld mag ein Ausdruck für Leistung sein, aber sicher nicht der einzige. Zur Elite eines Landes gehört natürlich der Schriftsteller, der gute Bücher schreibt, auch wenn er nicht ausgezeichnet wird und materiell vielleicht nur knapp über die Runden kommt. Oder der Geisteswissenschaftler, der es voraussichtlich nie zum Millionär bringen wird.

*Helmut Schmidt hat mal geurteilt: Banker oder Investmentbanker können nicht zur Elite zählen, da latent kriminell. So streng sind Sie nicht?*

Natürlich gibt es Banker, die zur Elite im besten Sinne des Wortes zählen, und solche, die durch unmoralisches oder kriminelles Verhalten ganze Staaten in den Abgrund treiben.

> *Manchmal hat man auch den Eindruck, dass, wer zur Elite gehört, eine besonders harte Strafverfolgung zu fürchten hat – so wie bei der Razzia in der Deutschen Bank Ende 2012, als die Polizei mit Gewehren und Blaulicht vorgefahren ist.*

Vielleicht war das übertrieben. Dass die Banker in Frankfurt das Feuer eröffnen würden, war ja nicht zu erwarten. Aber natürlich haben solche demonstrativen Einsätze auch einen abschreckenden Effekt.

## KAPITEL 6

# Russland und die Beziehung zu Präsident Putin

*Herr Schröder, woher rührt Ihre Sympathie für Russland und die Russen?*

Das hat viel mit der Geschichte zu tun. Als Bundeskanzler wurde mir sehr schnell bewusst, welch großen Einfluss diese wechselvolle gemeinsame Geschichte auf unser Verhältnis zu Russland hat. Es grenzt für mich an ein Wunder, dass Deutschland nach den Geschehnissen zweier Weltkriege zum wichtigsten Partner Russlands geworden ist. Man darf ja nie vergessen, dass während des Zweiten Weltkrieges in der Sowjetunion bis zu 30 Millionen Menschen ihr Leben verloren haben. Und die allermeisten Opfer gingen auf das Konto des deutschen Eroberungs-, Beute- und Vernichtungsfeldzuges. Es gibt keine russische Familie, die nicht Opfer zu beklagen hat und sich dessen nicht erinnert. Und das fast 70 Jahre nach Kriegsende. Selbst in der jungen Generation ist diese Erfahrung tief verwurzelt. Das erlebe ich immer wieder in meinen Diskussionen mit russischen Studenten. Gleichwohl gibt es eine ungeheure Sympathie für Deutschland. Mich hat es immer fasziniert, wie so etwas zustande kommen kann.

*Welche Erklärung haben Sie für sich gefunden?*

Zum einen gibt es die über Jahrhunderte gewachsene enge Verbindung zwischen Deutschland und Russland. Diese

Tradition reicht ja bis in das 18. Jahrhundert zurück. Und zum anderen sind die Russen ein ungewöhnliches Volk – mit einem großen Herzen und bereit, zu verzeihen und zu versöhnen. Das ist nach dem, was dieses Land während des Zweiten Weltkrieges durchlitten hat, nicht selbstverständlich. So wie es auch nicht selbstverständlich gewesen ist, dass ein Bundeskanzler 2005 bei der Feier zum 60. Jahrestag des Kriegsendes ...

*... Sie waren damals als Bundeskanzler nach Moskau eingeladen, haben als Ehrengast die Militärparade zum Sieg über Hitler-Deutschland erlebt ...*

... ja, und ich wurde neben den Staatsoberhäuptern der vormaligen Alliierten platziert, saß also neben Russlands Präsident Wladimir Putin, dem französischen Staatspräsidenten Jacques Chirac und dem Präsidenten der Vereinigten Staaten George W. Bush. Das war von hoher symbolischer Bedeutung. Zum ersten Mal überhaupt durfte ein Bundeskanzler an diesen Feierlichkeiten teilnehmen. Wir Deutschen hatten den Krieg begonnen, aber 60 Jahre danach haben die Siegermächte den Vertreter des neuen, des demokratischen Deutschlands in ihre Reihe aufgenommen. Das war kein Schlussstrich unter die Geschichte, den kann es nicht geben, aber eine besondere Art der internationalen Anerkennung unseres Landes. Ich habe auch die Gräber der deutschen Kriegsopfer auf einem Friedhof in Moskau besucht und mich mit deutschen und russischen Kriegsveteranen getroffen. Die Russen, die diesen Schrecken des Kriegs mitgemacht hatten, haben sich mir ohne irgendeinen Vorbehalt genähert und alle durch die Bank nur den einen Wunsch geäußert: Nie wieder Krieg! Das hat mich sehr berührt, und natürlich gründet meine persönliche Beziehung zu Russland auch auf solchen Erlebnissen.

*Wie stark prägte diese Sympathie Ihren außenpolitischen Kurs gegenüber Russland?*

Sympathie ist keine wirklich wichtige Kategorie in der Außenpolitik. Diese gründet in erster Linie auf Interessen, unseren nationalen, natürlich eingebettet in die gesamteuropäischen Interessen, und auf Werten. Ein vernünftiges, ein gutes Verhältnis zu Russland zu schaffen haben alle Bundeskanzler angestrebt. Seit jeher gibt es dieses interessengeleitete Bemühen, das aber den historischen Aspekt nie aus den Augen verloren hat. Ich erinnere nur an Konrad Adenauers Bereitschaft, diplomatische Beziehungen zur Sowjetunion aufzunehmen, die zur Freilassung der letzten deutschen Kriegsgefangenen führte. Von herausragender Bedeutung war natürlich die Ost- und Entspannungspolitik Willy Brandts mit ihrem Kernstück, der Anerkennung der bestehenden Grenzen. Eine Politik, die von Helmut Schmidt fortgesetzt wurde. Ohne Brandts Entspannungspolitik wäre die deutsche Einheit nicht denkbar gewesen, das kann man mit Fug und Recht behaupten. Darauf hat Helmut Kohl aufgebaut, der die Einheit nicht zuletzt durch sein enges Verhältnis zu Gorbatschow erwirkt hat. Also, da gibt es eine Kontinuität, und die hat keine schlechten Ergebnisse für unser Land gebracht.

*Sie sind der erste und einzige Bundeskanzler, der Kinder in Russland adoptiert hat. Hat dies Ihre Haltung zu dem Land verändert?*

Nein, meine Politik hat mit diesen privaten Angelegenheiten nichts zu tun. Privates spielt in der Außenpolitik keine Rolle. Nicht mal das persönlich gute Verhältnis zu Präsident Putin ist da entscheidend. Wenn man ein Vertrauensverhältnis hat, erleichtert das natürlich manches, man kann über gewisse Fragen offener reden. Aber wenn ein russischer Präsident und ein deutscher Bundeskanzler an einem Konferenztisch sitzen, umgeben von Beratern und Botschaftern, und sich anschließend der Presse stellen, dann geht es beiden Seiten erst mal um die eigenen Interessen. Optimal ist es, wenn die Interessen deckungsgleich sind, aber das sind sie ja nicht immer. Dann muss man Kompromisse finden, sich manchmal auch auf Scheinlösungen einlassen und nicht selten auch Konflikte aushalten. Privates hat da keinen Platz. Der politische Grund, weshalb ich für ein engeres Verhältnis mit Russland eintrete, ist ein anderer.

*Sie sorgen sich um die geopolitischen Machtoptionen Europas, richtig?*

Ja. Ich denke, Europa steht vor der Wahl: Entweder es wird bedeutungslos, oder aber es versetzt sich durch die Aufnahme der Türkei in die EU einerseits und einen Assoziierungsvertrag mit Russland andererseits in die Lage, auf einem ähnlichen Level wie die Vereinigten Staaten von Amerika und China politisch und wirtschaftlich zu operieren. Das heißt, das Bestreben, Russland über eine Assoziierung enger an die Europäische Union zu binden, ist zugleich der Versuch, zu verhindern, dass Russland seine Interessen im asiatischen Raum sieht. Denn man muss ja davon ausgehen, dass Europa keine Wahl hat, wenn es um Märkte und Ressourcen geht – Russland schon. Moskau hat eine Wahl bei seinen Partnern und Abnehmern. Und es gibt ja zum Beispiel in der Energiepolitik schon Tendenzen, sich nach Asien, insbesondere China, zu orientieren. Auch die Eurasische Union, eine Zollunion, ist ein Zeichen für eine Neujustierung des Blickwinkels. Und nicht zu vergessen die Schanghai-Organisation, in der sich Russland, Zentralasien und China zusammengefunden haben.

*Sehen Sie darin eine Gefahr für Europa?*

Nun ist es natürlich so, dass Russland auch ein Interesse hat, mit der Europäischen Union und ihren Mitgliedsstaaten, Deutschland vorneweg, zusammenzuarbeiten. Im Kreml hat man sicherlich nicht vor, diese Verbindungen zu kappen. Die gegenwärtige russische Führung ist ohne Zweifel – wenn man so will – abendländisch orientiert und eher auf Europa ausgerichtet. Und wenn sie über Europa nachdenkt, denkt sie zunächst über Deutschland nach. Aber wird das auf alle Zeit so sein? China wird seine diplomatischen Bemühungen in Russland weiter verstärken, bietet einen attraktiven Markt, möchte in Russland stärker investieren und schielt auf die Rohstoffe, die in Russlands Böden liegen. Die brauchen sie, genauso wie wir sie brauchen. Dabei geht es ja nicht nur um Öl und Gas, sondern um alle Rohstoffe, die Sie für die industrielle

Produktion benötigen: Erze, Metalle, Seltene Erden. Und wie heißt es so schön in dem Sprichwort: Wer zuerst kommt, mahlt auch zuerst. Noch mahlen wir Europäer, vor allem wir Deutschen. Wenn wir aber so auf Distanz zu Russland gehen, wie das zurzeit viele tun, wird das nicht mehr lange so sein.

*Wenn Sie Deutschland stärker nach Osten ausrichten, hat das auch damit zu tun, dass Sie wegwollen von den Rockschößen der Amerikaner – verstehen Sie das unter einer Emanzipation Europas?*

Nein, da gibt es keinen Widerspruch. Diese Positionen muss man unabhängig voneinander sehen. Die außenpolitische Emanzipation Deutschlands hat ja früher begonnen, mit unseren Entscheidungen in den Krisen um das Kosovo, Afghanistan und den Irak. Trotz der größeren Unabhängigkeit von den USA bleibt das transatlantische Bündnis, die NATO, der für uns wichtigste Faktor. Das sollte man auch nicht gegen Russland oder einen anderen Akteur ausspielen.

*Es gibt Leute, die die von Ihnen betriebene Verschiebung der Akzente so deuten.*

Ja, aber das ist falsch. Ich sehe auch gar keinen Widerspruch zwischen einer Integration in den Westen und einem rationalen wie emotional vernünftigen Verhältnis zu Russland. Wo sollte da der Gegensatz sein? Im Gegenteil: Ich erinnere mich an Gespräche mit Bill Clinton, der immer betont hat, dass es geradezu die Aufgabe Deutschlands sei, ein gutes Verhältnis zu Russland herzustellen. Und ich erinnere mich an die Gespräche mit George W. Bush, in denen er mich nach meiner Einschätzung Russlands fragte.

*Indem Deutschland Russland einbindet, hilft das dem Westen als Ganzem?*

Ja, und dafür gibt es viele praktische Beispiele. Wir haben bei der Frage der Entsorgung und Vernichtung von russischen Nuklearmaterialien zusammengearbeitet. Wir Deutschen haben im Vorfeld des G8-Gipfels 2002 in Kanada mit dafür sorgen können, dass Russland solche Beschlüsse akzeptiert. Die Abrüstung und die sichere Entsorgung von russischen Uralt-Atom-U-Booten lagen ja im Interesse des Westens. Insofern haben auch vorurteilsfreie amerikanische Politiker unser Bemühen um ein gutes Verhältnis zu Russland nicht als Anti-Amerikanismus verstanden. Als wir mit Russland vertrauensvoll zusammengearbeitet haben, als der Westen noch nicht versuchte, Russland als vermeintlich oder allein Schuldigen für viele Konflikte in Osteuropa oder Zentralasien an den Pranger zu stellen, war Moskau kooperativ. Das ist heute nur noch bedingt der Fall. Eine Erweiterung der EU oder gar der NATO bis an die Grenzen Russlands ist heute nicht mehr vorstellbar. Das Beispiel der Ukraine zeigt doch, wie schwierig das alles geworden ist. Zu meiner Zeit und auch zu Zeiten Helmut Kohls, den ich ausdrücklich einschließe, waren diese Osterweiterungen noch möglich, weil wir der russischen Führung ihre Ängste genommen haben. Die baltischen Staaten, immerhin ja mal Teil der Sowjetunion, sind 1999 zur NATO und 2004 zur EU gekommen. Das hat Russland damals akzeptiert.

*Zu Zeiten des Kalten Krieges verkehrten Deutsche und Sowjets über geheime Kanäle, wie Egon Bahr sie anschaulich schildert in seinen Erinnerungen an Willy Brandt. Hat sich diese Art der Geheimdiplomatie mit der Einheit erledigt? Oder haben Sie als Kanzler immer noch Unterhändler in unterirdische Gänge geschickt?*

Diese Kanäle gibt es nicht mehr. Geheim muss man da gar nicht mehr operieren, weil die Kontakte jetzt ja ganz offen und breit sind, politisch, wirtschaftlich und auch zivilgesellschaftlich: Ich erinnere nur an den von mir und Putin etablierten Petersburger Dialog. Es fehlt zurzeit aber an Dynamik. Wir müssen über das Partnerschafts- und Kooperationsabkommen, das immer wieder einmal zwischen Russland und der EU verhandelt wird, hinauskommen zu einer echten Assoziierung, also zu völkerrechtlich verbindlichen Beziehungen, die uns dann auch in die Lage versetzen würden, in der Frage der Visafreiheit sehr viel weiter zu kommen, als wir gegenwärtig sind. Da ist noch viel mehr möglich.

*Sie haben die Idee eines Assoziierungsvertrags mit Russland erwähnt – ein ambitioniertes Ziel. Haben Sie das Gefühl, dass sich in diese Richtung irgendwas bewegt?*

Nein. Ich glaube, dass die EU-Kommission da sehr zurückhaltend – zu zurückhaltend – ist und damit doch einer eher anti-russischen Haltung Vorschub leistet.

*Sie meinen die EU-Staaten, die mit der Osterweiterung Sitz und Stimme in Brüssel erlangt haben – und starke Vorbehalte gegen die ehemalige Hegemonialmacht hegen.*

Sicherlich hat dies mit den historischen Verwerfungen zu tun, die es in Mittel- und Osteuropa nach dem Zweiten Weltkrieg gegeben hat, der Besetzung und Unterdrückung durch die Sowjetunion, der Verschiebung der Grenzen. Die Haltung in den ehemaligen Ostblockstaaten gegenüber Russland muss man historisch einordnen und nachvollziehen, aber man muss gleichzeitig auch feststellen: Diese Staaten sind jetzt Mitglied der Europäischen Union, sind Mitglied der NATO, das heißt, die historischen Ängste sind überholt. Ihre Sicherheit und Souveränität sind garantiert. Und weil das so ist, müssen die osteuropäischen Staaten ein eigenes Interesse daran haben, ein vorurteilsfreies Verhältnis zu Russland herzustellen. Es ist an der Zeit, den osteuropäischen EU-Mitgliedern deutlich zu machen, dass wir Respekt vor historisch bedingten Empfindungen haben. Aber zugleich dürfen wir darauf hinweisen, dass solche Emotionen schlechte Ratgeber für Realpolitik sind. Wir Deutschen haben nach dem Zweiten Weltkrieg eigene Erfahrungen gemacht: Hätte sich der französische Präsident Charles de Gaulle nach den Vorbehalten in seinem Volk gegenüber den Deutschen gerichtet, hätte es vermutlich keine deutsch-französische Aussöhnung, keine europäische Einigung gegeben – jedenfalls nicht zu dieser Zeit.

*Meinen Sie nicht, dies ist zu viel verlangt von den Beitrittsstaaten? Schließlich sind deren Wunden in der Beziehung zu den Russen noch jung.*

Der Zusammenbruch des Ostblocks ist jetzt fast ein Vierteljahrhundert her. Ich wäre der Letzte, der sagen würde: „Vergesst das einfach." Darum geht es auch gar nicht. Nehmen Sie Russland und Polen. Natürlich sollten diese beiden Staaten den Versuch machen, zu einem für beide Seiten akzeptablen Verständnis ihrer gemeinsamen Geschichte zu kommen. Wenn das gelänge, wäre das ein großartiger Schritt, nicht hoch genug einzuschätzen. Vieles lässt sich einfacher bewerkstelligen, wenn es kooperativ, nicht konfrontativ vorgetragen wird. Insofern kann man über jeden osteuropäischen Politiker, der Schärfe aus der Diskussion herausnimmt und Brücken nach Russland baut, froh sein.

*Gibt es denn solche Politiker?*

Aber sicher. Nehmen Sie zum Beispiel Robert Fico, den slowakischen Ministerpräsidenten. Er ist einer, der sowohl die europäische als auch die russische Position versteht. Oder meinen Freund Aleksander Kwaśniewski, den ehemaligen polnischen Präsidenten. Wir beide haben eng zusammengearbeitet. Als die „Orangene Revolution" in der Ukraine 2004 vonstattenging, haben wir gemeinsam an einer friedlichen Lösung gearbeitet: er in Osteuropa und in der Ukraine, ich in Russland. Das war sehr schwierig, aber wir waren schließlich erfolgreich. Da ist kein Blut geflossen, niemand hat von außen interveniert. Leider gibt es aber auch die Scharfmacher, die vieles im europäisch-russischen Verhältnis wieder zerstören, die polnische Rechte etwa.

*Helmut Schmidt hat bemängelt, dass die deutsche Politik Moskau vernachlässige, seit Sie aus dem Amt sind. Jahrzehntelang hatte man Angst vor Russland, jetzt lässt man es links liegen. Sehen Sie das auch so?*

Ja und nein. Ich würde eher sagen, dass es eine Phase gab, in der Frau Merkel deutlich gemacht hat, dass sie mit der Russland-Politik ihrer Vorgänger – meiner und der von Brandt, Schmidt und Kohl – brechen wollte. Im Ergebnis hat sie das aber nicht getan. Ihr Umgang mit der russischen Führung ist sicherlich anders, vor allem im Ton. Aber in der Substanz unterscheidet sie sich kaum von der Politik ihrer Vorgänger. Ihre Kritik ist ja nicht an das russische Publikum gerichtet, sondern an die heimatliche Presse. Und vor dieser Kulisse wird dann Politik gemacht. Das kann man so machen, aber es baut kein Vertrauensverhältnis zwischen den Beteiligten auf. Daran mangelt es. Der Westen traut Putin nicht, und Putin traut dem Westen nicht. Das ist keine gute Grundlage, um die großen Herausforderungen zu bewältigen.

*Welche sind das?*

Da gibt es viele. Zum Beispiel tragfähige Antworten auf die Fragen: Wie kriegen wir Stabilität in die ganze Region des Nahen und Mittleren Ostens? Wie geht es mit dem iranischen Atomprogramm weiter? Was wird eigentlich aus Afghanistan, wenn der Westen seine Truppen abgezogen hat? Wie entwickelt sich die Kaukasus-Region weiter? Im Norden, auf russischem Territorium, und im Süden mit den Konflikten in Georgien, Aserbaidschan, Armenien. Dann die großen globalen Themen: Klimaschutz, Verbreitung von Massenvernichtungswaffen, Terrorismus. Es gibt viele Themen, die ohne Russland nicht oder nur schwer zu lösen sind und bei deren Lösung wir auf eine kooperative Haltung der russischen Führung angewiesen sind. Ich glaube daher nicht, dass der Westen gut beraten ist, wenn er ständig öffentlich auf den russischen Präsidenten eindrischt.

*Im Kern dreht sich der Streit über den richtigen Umgang mit Russland immer um die eine Frage: Wie erreicht man mehr für Demokratie und Menschenrechte? Mit einer Politik der klaren Kante, dem offenen Ansprechen aller Missstände, oder mit Verständnis und stiller Einflussnahme, was im Zweifel liebedienerisch daherkommt?*

Meine Position ist klar: Wir sollten lernen von der Entspannungspolitik der siebziger Jahre. Sie hat die Grundlage für den Zerfall des Eisernen Vorhangs und für die spätere Wiedervereinigung gelegt. Übertragen auf die Situation heute heißt das: Wir sollten die Zivilgesellschaft in Russland unterstützen, denn sie ist notwendig, weil Fortschritt nur durch eine Mittelschicht getragen werden kann, die mehr Partizipationsmöglichkeiten besitzt – ökonomisch und vor allem politisch. Daraus folgt, dass man eine Politik machen muss, die genau diese Entwicklung auf Dauer stärkt, die aber nicht dazu führt, dass sich die politischen Eliten bedroht fühlen und das Gegenteil dessen tun, was wir unter Öffnung verstehen.

*Putin hat 2013 ein Gesetz unterzeichnet, dass, wer sich positiv zu Homosexualität äußert, mit einer Strafe rechnen muss – angeblich zum Schutz der Kinder.*

Ich halte das Gesetz für falsch.

*Das muss man doch auch als Bundesregierung kritisieren dürfen.*

Das hat sie ja meines Wissens auch. Allerdings stellt sich die Frage, ob wir da nicht mit unterschiedlichen Maßstäben messen. Wir legen an verschiedene Staaten unterschiedliche Standards an. Homosexualität ist weltweit in rund 80 Staaten verboten oder wird verfolgt, nicht nur diskriminiert wie in Russland. In manchen Staaten droht sogar die Todesstrafe. Aber das erheben wir in diesen Fällen nicht zum Maßstab unserer Außenpolitik. Homophobie ist auch ein europäisches Problem, sie gibt es ja nicht nur in Russland, sondern auch in Polen, Ungarn, der Ukraine. Das sind ganz tief sitzende Verhaltensmuster, die auch mit den rückständigen Positionen in den dortigen orthodoxen und der katholischen Kirche zu tun haben. Das betrifft nicht nur Homosexuelle. Schauen Sie sich den Antisemitismus in Ungarn an, der von der dortigen Regierung nicht nur geduldet, sondern befördert wird. Und das mitten in der Europäischen Union. Von der damaligen schwarz-gelben Bundesregierung haben Sie da nichts oder nur sehr verhaltene Kritik gehört, weil der ungarische Ministerpräsident dem christdemokratischen Lager angehört.

*Wie erklären Sie es sich, dass solche Ressentiments in Osteuropa so verbreitet sind?*

Die Gesellschaften dort sind in ihrer Entwicklung noch nicht so weit, wie wir es in Deutschland sind. Das ist vielleicht vergleichbar mit dem Deutschland der 60er und 70er Jahre. Ich kann das ja ein bisschen einschätzen, weil ich damals als Rechtsanwalt in Hannover Schwule vertreten habe, die in der evangelischen Kirche diskriminiert wurden. Wir hatten lange den Paragraphen 175 im Strafgesetzbuch, der Homosexualität unter Strafe stellte. Es hat seine Zeit gedauert, bis sich in diesem Bereich rechtlich etwas bewegt hat! Es brauchte erst eine rot-grüne Koalition, damit sich da etwas tat. Wir haben die weitgehende Gleichstellung von Schwulen und Lesben gegen erheblichen Widerstand durchgesetzt. Letztlich ist diese gesellschaftliche Akzeptanz also auch in Deutschland relativ neu – jedenfalls war es ein längerer Prozess. So falsch ich die Diskriminierung finde, so muss man doch darauf hinweisen, dass die Entwicklung der Zivilgesellschaft in solchen Ländern, die vier, im Falle der Sowjetunion sogar sieben Jahrzehnte kommunistischer Diktatur hinter sich haben, einfach mehr Zeit braucht.

*Wundern Sie sich, dass die Kritik an der russischen Schwulengesetzgebung vor allem aus den Reihen von CDU und CSU kommt?*

Es ist immer sehr viel leichter, etwas in anderen Ländern zu fordern, als darüber nachzudenken, wie man selbst zu diesen Fragen in der Vergangenheit gestanden hat und heute noch steht. Wir haben ja immer noch keine vollständige Gleichstellung von Homosexuellen in Deutschland und werden sie wohl leider in den nächsten Jahren auch nicht bekommen, weil Frau Merkel auf den konservativen Flügel in ihrer Partei Rücksicht nehmen muss.

*Wie kommt es, dass es vor allem Sozialdemokraten sind, die so nachsichtig mit Russland sind?*

Das hat mit der historischen Erfahrung der Entspannungspolitik zu tun. Als Egon Bahr sie konzipierte und sie in Willy Brandts Kanzlerschaft Realität wurde, da haben die Unionsparteien sie bekämpft. Damals hieß es, die Anerkennung der durch den Zweiten Weltkrieg geschaffenen territorialen Verhältnisse in Europa bedeute Verrat und führe zu nichts. So ähnlich ist es heute in der Russland-Politik. Wer für ein gutes Verhältnis mit Russland eintritt, der muss sich Ähnliches anhören.

*Sobald die Rede auf Russland kommt, hängt Ihnen das Wort vom „lupenreinen Demokraten" nach. Würden Sie Putin heute immer noch so loben?*

Jeder Journalist hält sich für besonders mutig, wenn er mir dieses Stöckchen hinhält. Ich spring' aber nicht drüber. Ich relativiere meine Haltung zu Putin nicht. Und ich nehme ihm ab, dass eine funktionierende Demokratie und ein stabiles Staatswesen seine Ziele sind – auf dem mühsamen Weg des russischen Staates und der russischen Gesellschaft, die Folgen einer jahrzehntelangen totalitären Herrschaft zu überwinden. Das ist meine Überzeugung aus vielen Gesprächen mit ihm.

*Wie sind Sie denn auf diesen Begriff „lupenreiner Demokrat" gekommen?*

Der stammt ja nicht von mir, sondern von dem Fernsehmoderator Reinhold Beckmann. Ich saß damals, im Jahr 2004, in seiner Sendung, und er stellt mir diese Frage: „Ist Putin ein lupenreiner Demokrat?" Und in diesem Augenblick habe ich nur gedacht: Wenn ich jetzt mit Nein antworte, dann hat das außenpolitische Konsequenzen. Stattdessen habe ich gesagt: „Das sind immer so Begriffe. Ich glaube ihm das und bin auch davon überzeugt, dass er das ist. Dass in Russland nicht alles so ist, wie er sich das vorstellt oder gar wie ich oder wir uns das vorstellen würden, das, glaube ich, sollte man verstehen. Dieses Land hat 75 Jahre kommunistische Herrschaft hinter sich, und ich würde immer gerne die Fundamentalkritiker daran erinnern, mal darüber nachzudenken, ab wann denn bei uns alles so wunderbar gelaufen ist." Besser wäre es natürlich gewesen, ich hätte zurückgefragt: Was ist eigentlich ein lupenreiner Demokrat? Das gibt es ja gar nicht, lupenrein demokratisch ist niemand.

*Die generelle Wahrnehmung ist: Russland fällt zurück in ein autoritäres Gebaren.*

Vielleicht sollte man erst einmal zur Kenntnis nehmen, wie sich Russland historisch entwickelt hat. Dort gibt es nämlich so gut wie keine Erfahrungen mit demokratischen Institutionen und parlamentarischen Verhältnissen. Bis 1905 gab es in dem von den russischen Zaren beherrschten Land nicht einmal eine Verfassung. Das 1871 gegründete deutsche Kaiserreich war zwar auch nicht gerade eine demokratische Institution modernen Zuschnitts, aber immerhin eine konstitutionelle Monarchie mit einem für seine Zeit sehr fortschrittlichen Wahlrecht. In Russland folgte, vor allem seit dem Frühjahr 1917, eine kurze, kaum wahrgenommene Phase, in der versucht wurde, eine bürgerliche Demokratie zu installieren. Die wurde dann, übrigens mit

Hilfe des deutschen Kriegsgegners, von Lenin gestürzt. Und dann herrschten für rund 70 Jahre die Kommunisten, mit dem Stalinismus als schrecklichem Höhepunkt. All dies führte zur Deformation von Staat und Gesellschaft.

*Aber könnte es nicht ein wenig flotter vorangehen auf dem Weg zur Demokratie? Immerhin liegt Gorbatschows Öffnung, Glasnost und Perestroika, bald 30 Jahre hinter uns ...*

Wenn man heute mit westlichen Beobachtern spricht, könnte man meinen, die Jelzin-Ära sei das goldene Zeitalter der Demokratie und der sozialen Marktwirtschaft in Russland gewesen. Das war sie nicht. Vielmehr galt das Recht des Stärkeren und des Schnellen – mit dem Ergebnis, dass einige Wenige sich in kürzester Zeit enorm bereichert haben. Die großen Vermögen sind dadurch zustande gekommen, dass man die Ressourcen des Landes vereinnahmt hat. Im Russland der Jelzin-Ära ist beides zerschlagen worden: das politisch-soziale wie das ökonomische System. Staatsunternehmen wurden privatisiert, und daraus sind die riesigen privaten Vermögen einzelner Oligarchen entstanden. Zeitgleich ist die Autorität des Staates zerfallen, Renten und Löhne wurden nicht bezahlt, ausländische Firmen und Bürger mussten sich Sicherheit kaufen.

*Private Sicherheitsdienste traten an die Stelle der staatlichen Autorität?*

Ja, der Staat war nicht mehr in der Lage, Sicherheit zu garantieren. Putin hat die Staatlichkeit wiederhergestellt, nicht mehr, aber eben auch nicht weniger. Und damit auch die Investitionssicherheit sowie die Sicherheit für die Bürger. Natürlich sind Fehlentwicklungen vorgekommen, autoritäre Übertreibungen, das wird niemand ernsthaft bestreiten. Putins erste Aufgabe war es aber, den Staat zu reorganisieren und zu stabilisieren. Und das war auch im Interesse Europas. Der Zerfall des russischen Staates, einer der größten Atommächte der Welt, hatte sich direkt an der Ostflanke von NATO und Europäischer Union abgespielt. Insofern ist ein stabiles Russland in unserem ureigensten Interesse. Zudem muss man auch die Größe des Landes sehen. Das Land ist schwierig zu regieren.

*Aber das gilt doch für die USA genauso!*

Nein, das ist nicht vergleichbar. Da haben Sie zum einen dieses riesige Territorium. 17 Millionen Quadratkilometer, fast fünfzigmal so groß wie Deutschland. Allein die Länge der Grenzen, mehr als 3600 Kilometer Landgrenze mit China. Können Sie sich vorstellen, was das sicherheitspolitisch bedeutet? Und zum anderen eine Bevölkerung, die äußerst heterogen ist, mit fast 100 Völkern, unzähligen Sprachen, diversen Religionen, eigenen Teilrepubliken. Das alles muss zusammengehalten werden.

*Sie verlangen viel Nachsicht mit Moskau. Aber wie lange soll sich der Westen in Geduld üben? Denn das heißt doch: Man muss die Augen zudrücken bei Menschenrechtsverletzungen.*

Nein, das muss man natürlich nicht, aber es kommt immer drauf an, wie man solche Dinge thematisiert. Ich habe in meiner Zeit als Kanzler dort über dieses Thema gesprochen und tue das auch heute noch. Die Frage ist nur: Wie? Hält man als Kanzler auf Auslandsreisen Schaufensterreden, so wie es viele mitfliegende Journalisten erwarten? Oder versucht man es mit einem ernsthaften Dialog? Nehmen Sie China. Ich habe mich immer geärgert über diese folgenlose Routine: Ein Staatschef oder ein Minister aus dem Westen redet in Peking über Menschenrechte, wie vom heimischen Publikum verlangt. Der chinesische Kollege weist dies ebenso routiniert zurück. Alle haben ihre Pflicht getan, gewonnen ist nichts. Wir haben mit China deshalb einen kontinuierlichen Rechtsstaatsdialog etabliert. Dieses Modell wollten wir mit dem Petersburger Dialog auf Russland übertragen, der aber leider nicht dieses Niveau erreicht hat. Wir sollten Russland unterstützen, damit Demokratie und Rechtsstaatlichkeit sich entwickeln können. Und je konkreter man ist, umso wirkungsvoller ist es. Nehmen Sie zum Beispiel das Rechtswesen in Russland. Da gibt es große Defizite. Und das verwundert auch nicht, wenn Sie an die Geschichte des Landes denken. Gute Gerichte, gute Rechtsverfahren, gute Staatsanwaltschaften bekommen Sie aber nur, wenn es auch gute Juristen gibt. Das war ja in der damaligen Sowjetunion kaum vorhanden. Seither hat sich schon einiges getan, aber wir sollten uns stärker bei der Juristenausbildung engagieren. Demokratie und Rechtsstaatlichkeit wachsen nicht von allein. Dazu braucht es Unterstützung, nicht einfach nur öffentliche Maßregelung.

*Was ist eine öffentliche Ordnung wert, wenn Firmen aus dem Westen eine Art Schutzgeld zahlen müssen, wenn sie in Russland Geschäfte machen wollen?*

Korruption ist in der Tat eines der größten Probleme in Russland. Und zwar nicht nur für ausländische Firmen, sondern vor allem für die russischen Bürger. Mein Eindruck ist, dass die russische Führung das erkannt hat und versucht, die Korruption zu bekämpfen. Der entscheidende Punkt ist, die Staatsdiener in der unteren oder mittleren Hierarchie-Ebene anständig zu besolden, damit sie nicht für Korruption anfällig sind. Will der Staat handlungsfähig sein, müssen die Bediensteten sich „preußisch" verhalten. Was haben die Preußen mit den Beamten gemacht? Sie haben ihnen auf zweierlei Weise Selbstbewusstsein gegeben: Erstens haben sie die sogenannten Staatsdiener anständig bezahlt. Und sie haben ihnen als Beamten eine besondere, herausragende Rolle zugesprochen. In Russland muss der Staat die Menschen, welche die Arbeit für ihn machen, so versorgen, dass sie nicht auf die Unterstützung der ihrer Macht Unterworfenen angewiesen sind. Nur so schafft man eine unabhängige Gerichtsbarkeit, die unabdingbar für den Rechtsstaat ist.

*Bleiben wir noch einen Moment bei Ihrer Freundschaft zu Putin, die Sie angesprochen haben. Wie hat man sich das überhaupt vorzustellen: Freundschaft unter Staatsführern? Da ruft man ja nicht an und sagt: Lass uns grillen heute Abend. Wie hat sich Ihr Verhältnis entwickelt im Laufe der Jahre?*

Die wichtigste Voraussetzung, damit sich so etwas wie Freundschaft entwickeln kann, ist die Sprache. Es ist sehr viel einfacher, miteinander umzugehen, wenn man die gleiche Sprache spricht. Und Putin spricht glänzend Deutsch, seine Töchter mindestens genauso gut. Sie können sogar deutsche Weihnachtslieder singen.

*Sie unterhalten sich privat auf Deutsch?*

Ja, ausschließlich. Putin hat lange hier gelebt und hat eine sehr enge Beziehung zu Deutschland. Von daher war der Zugang zu ihm leichter als zu anderen Staats- und Regierungschefs. Wir haben rund sechs Jahre in unseren jeweiligen Ämtern, er als Ministerpräsident und Präsident, ich als Kanzler, zusammengearbeitet. Sie können mit jemandem, der international so misstrauisch beobachtet wird, nur offen – und auch mitunter kontrovers – reden, wenn klar ist, dass vom Inhalt der Gespräche niemand etwas erfährt. Da hilft die unmittelbare Verständigung – ohne Dolmetscher, ohne Berater – natürlich sehr.

*Redet man da wirklich offen? Oder in diplomatischen Floskeln?*

Jenseits der offiziellen Gespräche kann man unter vier Augen offen reden. Wir haben zum Beispiel häufig über die Tschetschenien-Frage diskutiert. Die Kaukasus-Region hat mich schon als Bundeskanzler sehr interessiert, weil die dortigen Konflikte natürlich auch Auswirkungen auf Europa haben. Der Islamismus im Nordkaukasus ist nicht nur eine Herausforderung für die russische Innenpolitik, er bedroht uns auch in Europa. Es gab und es gibt dort Menschenrechtsverletzungen, aber man muss auch festhalten, dass es Putin gelungen ist, die Lage in Tschetschenien zu beruhigen.

*Aber mit einem hohen Blutzoll erkauft.*

In der Tat. Umso mehr müssen wir Europäer ein Interesse haben, dass im nördlichen Kaukasus keine instabile Zone entsteht, in der islamistische Terroristen das Sagen haben.

*In der Öffentlichkeit pflegt Putin das Bild vom Macho, der mit nacktem Oberkörper durch die Prärie reitet und gewaltige Fische aus dem Wasser zieht.*

… ach, wissen Sie, es ist ja nicht so, dass bei uns politische Bilder nicht inszeniert würden. Wenn Frau Merkel mit Präsident Bush ein Spanferkel grillt und Dutzende Fotografen das festhalten, ist das doch eine Inszenierung. Die Öffentlichkeit erwartet offensichtlich solche Bilder. Dem kann man sich nur schwer entziehen. Insofern wäre auch bei der Bewertung der Fotos von Putin ein bisschen Gelassenheit angebracht. Putin entspricht nicht dem Image, das über ihn im Umlauf ist und durch solche Bilder natürlich Nahrung erhält. Er ist ein entspannter Gesprächspartner mit einem durchaus beachtlichen Humor.

*Zynischer Humor?*

Nein, aber fähig zur Selbstironie.

*Wladimir Putin gilt als gläubiger Mensch, mit einer eige-*
*nen Kapelle auf dem Grund seiner Residenz. Spannt er*
*die orthodoxe Kirche für seine politischen Ziele ein?*

Er ist sehr gläubig. Das teilt er mit anderen Politikern, die
das auch öffentlich darstellen, George W. Bush oder Tony
Blair etwa. In den USA wäre es undenkbar, dass ein Atheist
Präsident wird, da wird vom Präsidenten sogar erwartet,
dass er einem Glauben beziehungsweise einer Kirche angehört und dies auch öffentlich macht. Problematisch wird es
dann, wenn ein Politiker sagt, dass er seine Entscheidungen
aus einem Zwiegespräch mit Gott abgeleitet hat. Bei George
W. Bush war das gelegentlich der Fall. Dann wird es schwierig. Das sind ja aus seiner Sicht Aufträge, die nicht mehr in
Frage gestellt werden dürfen, weil sie gottgegeben sind. Eine
solche Einstellung habe ich bei Putin nicht erlebt.

*Sehen Sie denn in Russland gar keine Alternative zu Putin?*

Das kann man von außen schlecht beurteilen. Die Demonstrationen haben gezeigt, dass es – zumindest in den
beiden Großstädten Moskau und Sankt Petersburg – einen
erheblichen Unmut gibt. Und dass dieser Unmut sich auch
dank moderner Kommunikationsmittel organisieren kann.
Das Problem der russischen Oppositionsbewegung ist aber,
dass sie inhaltlich zersplittert ist. Das ist eine Ansammlung
von durchaus vernünftigen, honorigen Menschen auf der
einen, aber eben auch von Extremisten, Nationalisten,
Kommunisten, Antisemiten auf der anderen Seite. Auch
fremdenfeindliche Töne sind dort zu hören. Ich sehe zurzeit nicht, dass dort eine Kraft entstehen könnte, die in der

Lage ist, ein komplexes und schwieriges Land wie Russland zu regieren. Die nächsten Jahre werden zeigen, ob die russische Führung in der Lage ist, das, was sich an Veränderung in der Gesellschaft abspielt, auch politisch aufzunehmen. Ich denke, Putin weiß das.

*Herr Schröder, was immer Sie in der Russland-Politik vollbracht haben – es wird in der Wahrnehmung überlagert von privaten Beziehungen und Ihrem Engagement für Gazprom. Haben Sie unterschätzt, wie stark Sie deswegen angefeindet werden?*

Ich bin nicht bei Gazprom.

*Der Unterschied besteht in einer rechtlichen Feinheit: Sie arbeiten für die Pipeline-Gesellschaft Nord Stream, der Großaktionär dort heißt Gazprom.*

Ich bin bei Nord Stream Vorsitzender des Aktionärsausschusses, das ist vergleichbar mit einem Aufsichtsrat. Aktionäre sind Gazprom, die beiden deutschen Unternehmen E.ON und BASF-Wintershall, aus den Niederlanden Gasunie und aus Frankreich Gaz de France-Suez. Das ist im besten Sinne ein europäisches Unternehmen.

*An dem die Russen die Mehrheit halten.*

Aber das ändert nichts an meiner Aufgabe bei Nord Stream. Ich agiere absolut unabhängig bei der Aufsicht, bei Abstimmungen, bin an keine Vorgaben gebunden – das war Voraussetzung dafür, dass ich dieses Amt überhaupt übernommen habe. Aber warum reden wir über die Vergangenheit? Die Pipeline ist im Oktober 2012 komplett in Betrieb gegangen. Es war das bislang größte Energieprojekt Europas mit einem Investitionsvolumen von mehr als 7 Milliarden Euro. Ich glaube nicht, dass es viele Projekte in der Größenordnung gibt, die nach Plan laufen – und vor allem pünktlich fertig werden. Dieses Pipelineprojekt war sehr komplex. Zwei jeweils 1200 Kilometer lange Pipelines mussten auf dem Grund der Ostsee verlegt werden. Und das Genehmigungsverfahren war enorm aufwendig, weil wir von fünf Staaten Genehmigungen brauchten und zudem Polen, Litauen, Lettland und Estland eng einbezogen haben. Da haben wir mit den Zuständigen unzählige Gespräche führen müssen. Wir haben die umfangreichste Umweltuntersuchung gemacht, die es jemals in der Ostsee gab. Trotzdem haben wir *just in time* fertiggestellt.

*Ihr Projekt ist fertig, das Erdgas wird für die Energiewende gebraucht – und Sie fühlen sich im Nachhinein im Recht, immun gegen die Kritik, die Ihr Wechsel vom Kanzleramt in die Wirtschaft ausgelöst hat?*

Manche Kritik, die sich auf die Schnelligkeit des Wechsels bezieht, kann ich auch verstehen. Aber die Kritik an dem Projekt habe ich nie verstanden. Auf der einen Seite brauchen wir Erdgas, weil wir den Atomausstieg nur schaffen können, wenn wir neben den erneuerbaren Energien auch Erdgas einsetzen. Und auf der anderen Seite haben wir einen zuverlässigen Lieferanten, der uns einen neuen Lieferweg nach Europa angeboten hat. Das ist absolut sinnvoll und in unserem Interesse.

*Wollen Sie damit andeuten, Ihr Mandat in der Pipeline-Gesellschaft ist ein Dienst am Vaterland? Zeitweise sah es so aus, als wollten Sie den Job auf diese Weise überhöhen.*

Nein, Dienst am Vaterland war nie meine Vokabel. Es ist ein europäisches Projekt. Mein Argument ist die Energiesicherheit. Die Pipeline verbindet die wichtigsten russischen Gasfelder mit Europa. Die EU hat sie schon früh zu einem „Projekt von europäischem Interesse" erklärt.

*Ist die Energiesicherheit wirklich gewährleistet, wenn wir uns abhängig machen vom Gas der Russen?*

In Wirklichkeit ist das doch keine einseitige Abhängigkeit des Westens. Wenn, dann handelt es sich um eine gegenseitige Abhängigkeit. Auf die Einnahmen aus dem Gasverkauf kann der russische Staat gar nicht verzichten. Das heißt: Die Russen wollen und müssen liefern. Und wir wollen und müssen das Gas kaufen. Deswegen schafft die Pipeline eine gegenseitige Abhängigkeit, ganz im Sinne von Wandel durch Annäherung. Hinzu kommt noch etwas anderes. Wir hatten bisher zwei Trassen, über die Gas nach Europa kam: die eine durch Weißrussland, die andere durch die Ukraine – Staaten, bei denen man sich Gedanken über die Stabilität machen muss, also auch über die Sicherheit der Lieferungen, die ja ihr Territorium queren. Jetzt haben wir mit Nord Stream eine dritte Trasse, direkt, ohne dass die Lieferungen unterbrochen werden können.

*Aber unter Umgehung von Polen und den baltischen Staaten. Da sprach der damalige Verteidigungsminister*

*Radosław Sikorski 2006 sogar von einem neuen Hitler-Stalin-Pakt.*

Ein solcher Vergleich ist völlig inakzeptabel und unhistorisch. Wir haben allen Ländern angeboten, dass sie sich an dem Projekt beteiligen können. Aber sie wollten nicht.

*Russland verknüpft die Lieferung mit politischen Pressionen. Im Fall der Ukraine ist das mehr als ersichtlich. Die Russen versuchen mit allen Mitteln, die Ukraine in ihrer Einflusszone und damit fern von Europa zu halten.*

Im Fall der Ukraine liegt es erst mal an der Europäischen Union, die Dinge vom Kopf auf die Füße zu stellen. Europa darf die Ukraine nicht vor eine Entweder-oder-Situation stellen, da hat die Bundeskanzlerin recht. Verhandeln wir mit Russland wie mit der Ukraine gleichzeitig über eine Assoziierung, stellt sich die Situation ganz anders dar.

*Bisher hat Moskau es immer noch geschafft, sich das Wohlwollen der Machthaber in Kiew mit Milliarden zu erkaufen.*

Finanzielle Unterstützung hat immer eine politische Dimension. Auch in Deutschland. Schauen Sie sich an, welche Gegenleistung Bundesländer verlangen, um Gesetzen zuzustimmen – von den Verhandlungen innerhalb der EU ganz zu schweigen. Ich war dabei, als mit viel Geld die Zustimmung der polnischen Landwirte zum EU-Beitritt erkauft wurde. Das Problem im Zusammenhang mit der Ukraine liegt tiefer, da geht es um historische und kulturelle Bindungen zu Russland. Nehmen Sie die Krim. Die strategisch außerordentlich wichtige Halbinsel im Schwarzen Meer war seit dem 18. Jahrhundert Bestandteil Russlands und ist nur wegen einer eigenwilligen Entscheidung von Chruschtschow 1954 der damaligen Sowjetrepublik Ukraine zugeschlagen worden. Der Westen der Ukraine neigt eher in Richtung Europa, der Osten eher in Richtung Russland. Wenn man wirklich die Strategie verfolgt, diese Staaten, sofern sie es selbst wollen, enger an die EU zu binden, dann muss man vor diesem historischen und kulturellen Hintergrund sensibel und klug handeln. Ob das seitens der EU immer geschieht, ist zweifelhaft. Für mich ist klar: Eine solche Strategie kann doch nur erfolgreich sein, wenn die europäisch-russischen Beziehungen gut sind. Der Schlüssel zur Lösung der Probleme liegt in der Kooperation mit Russland, nicht in der Konfrontation.

KAPITEL 7
# Die SPD, die 68er und die Sozial-
# demokratisierung der Union

*Herr Schröder, Sie sind im Oktober 1963 in die SPD ein-*
*getreten. Warum? Weil Sie die Welt verbessern wollten?*

Nein, damals war ich 19 und hatte nicht den Weltverbes-
serungsansatz. Ich hatte ja zu arbeiten, hatte nach der
Volksschule eine Lehre in Lemgo gemacht, ging dann als
Einzelhändler nach Göttingen und bin dort in die SPD
eingetreten. Für die „Verbesserung der Welt" hatte ich weder die Zeit noch den Nerv.

*Angeblich haben Sie damals alle Parteien getestet, durch*
*den Besuch von deren Versammlungen.*

Ja, ich habe versucht zu verstehen, wie das ablief, habe
mich zu Wort gemeldet und bin ordentlich zusammen-
gestaucht worden, weil nicht alles Hand und Fuß hatte,
was ich kritisierte oder vorschlug. Durch diese wenn man
so will autodidaktische Politisierung bin ich dann zu der
Auffassung gekommen, dass es sinnvoll sei, in die SPD ein-
zutreten, weil diese Partei am besten zu mir und meinem
sozialen Hintergrund passte.

*Hatten Sie da schon die Juso-Karriere im Blick?*

Zu den Jusos kam ich erst drei Jahre später. Zuerst hatte
ich in einer Abendschule in Göttingen die mittlere Reife

nachgeholt, dann ging ich nach Siegen, später nach Bielefeld, um auf einem Kolleg des zweiten Bildungsweges Abitur zu machen. 1966 kam ich zurück nach Göttingen, um Jura zu studieren – dort bin ich dann zu den Jungsozialisten gestoßen, zum eher pragmatischen Flügel. Das machte sich schon daran fest, dass ich im Vorstand, den wir natürlich nicht Vorstand nannten, sondern „Leitungskollektiv", unter anderem zuständig war für die Kasse und die Öffentlichkeitsarbeit. Die anderen Ressorts im Kollektiv nannten sich „Theorie I" und „Theorie II".

*Wie nahe kamen Sie damals den 68er-Protesten an der Hochschule?*

An manchen Demonstrationen habe ich teilgenommen. Zu den sogenannten 68ern gehörte ich nur generationsmäßig, nicht aber von meinem Selbstverständnis her. Ich begriff das Studium als ein ungeheures Privileg: Ich konnte meine Zeit einteilen. Ich musste nicht mehr morgens im grauen Kittel im Eisenwarenladen stehen. Ich war endlich da, wo ich immer hinwollte. Zum ersten Mal hatte ich Zeit für mich, bekam ein Stipendium als Halbwaise und wurde von der Friedrich-Ebert-Stiftung unterstützt. Außerdem habe ich in den Semesterferien auf dem Bau gearbeitet, in dem Dorf, wo ich herkam, und damit zusätzlich Geld verdient. Mir ging es also ganz gut. Eine Gesellschaft, die mir das ermöglichte, konnte ich nicht als Gegner betrachten. Die Revolte gegen Autoritäten war mir fremd, denn ich kannte gar keine Autorität, ich musste keinen Aufstand gegen mein Elternhaus machen, weil da ja im eigentlichen Sinne keines war. Meine Mutter musste arbeiten, ich hatte keinen Grund, mich an ihr zu reiben. Das hätte auch nichts gebracht, sie hätte mich nur verständnislos angeguckt. Studentenpolitik, Studentenparlament oder AStA hat mich ehrlich gesagt nie interessiert, das habe ich nicht ernst genommen. Ich war durch meinen Lebensweg einfach auf einer anderen Spur.

*Was waren Ihre sozialdemokratischen Helden zu der Zeit? Lassalle, Bebel, Schumacher?*

Nein. Mein sozialdemokratischer Held war Helmut Schmidt. Der hat mich schon früh fasziniert. Wie er als Innensenator in Hamburg diese schreckliche Sturmflut meisterte, wie er dann ab 1966 im Bundestag die anderen rhetorisch beherrschte – das war großartig. Tief beeindruckt haben mich auch seine Auftritte in brillantem Englisch in „Meet the Press", das war damals eine Sendung im amerikanischen Fernsehen. Da dachte ich: Mensch, toll! Auch später, als Juso-Vorsitzender, Ende der 70er Jahre, habe ich mich nie an der damals üblichen Kritik an Helmut Schmidt beteiligt.

*Erinnern Sie sich noch an das erste persönliche Treffen?*

Das werde ich nie vergessen. Als Vorsitzender der Jusos bekam ich eine Einladung ins Kanzleramt in Bonn und musste dort erst mal im Vorzimmer warten. Marianne Duden, seine zweite Sekretärin, die später meine Chefsekretärin im Kanzleramt war, hatte mich in Empfang genommen. Dann wurde ich in sein Büro hineingebeten. Die Diskussion mit Helmut Schmidt drehte sich um die zivile

155

Nutzung der Kernkraft. Einer meiner Stellvertreter im Bundesvorstand der Jusos hatte Schmidt deshalb in der Öffentlichkeit als verantwortungslos angegriffen, ich habe ihn verteidigt, mit dem Argument: Auch ich bin gegen Kernkraft, aber die Verantwortung des Kanzlers bezieht sich auf die Sicherung der Energiegrundlagen. Das hat ihm gefallen. Im Gespräch habe ich ihm dann noch aus einem amerikanischen Buch über die Macht der Energiekonzerne referiert. Schmidt hörte sich das an, nickte, machte eine Pause, guckte mich an und sagte: „Das hat der Buchautor alles von mir." Das fand ich typisch, aber es hat mich beeindruckt.

*Sie haben angesprochen, wie die Union strittige Themen abräumt: Atomkraft, Schwulenehe, all dies, was dazu führt, dass sie in die Mitte rückt. Da bleibt der SPD nicht viel Raum zur Abgrenzung ...*

Aber die Frage ist doch: Warum macht die Union das? Weil sie gesellschaftliche Trends, die wir gesetzt haben, erkennt und zu ihnen aufschließen muss – ob ihr das passt oder nicht. Deswegen ist es gar nicht so falsch, von der Sozialdemokratisierung der Union zu reden. Da die Union strukturell als Partei in einer besseren Situation ist als die SPD, funktioniert das auch.

*Was meinen Sie mit „strukturell besser"?*

Das Problem der SPD ist: Sie will die Welt immer besser machen. Und dieses Welt-besser-Machen ist ihr im Zweifel wichtiger als die Macht. Die Union dagegen war immer eine Partei, die zusammengehalten wurde durch die Machtinteressen.

*„Kanzlerwahlverein" heißt das böse Wort dafür ...*

... ja, die Union sagt: Wir wollen in jedem Fall regieren, was immer wir dafür tun müssen. Im Unterschied zur SPD hat die CDU als demokratische Partei rechts der Mitte einen strukturellen Vorteil: Die äußerste Rechte in Deutschland ist aus guten, historischen Gründen tabuisiert. Da gibt's von rechts außen nichts, was ernsthaft an der Union kratzen könnte. Die SPD hat diesen Vorteil auf der Linken nicht. Dort gibt es jede Menge Konkurrenz. Die aktuelle Schwäche der SPD hat etwas damit zu tun, dass sich das deutsche Parteiensystem europäisiert.

*Weil sich überall noch eine Partei links von den Sozialde-mokraten tummelt?*

Das ist in der alten Bundesrepublik lange Zeit anders ge-wesen, weil alle Strömungen und Parteien links von der SPD – zum Beispiel die DKP – keine Chance hatten, in der Bevölkerung Fuß zu fassen. Denn deren Loyalität galt nicht dem eigenen Land, sondern im Zweifel Moskau und Ostberlin. Damals war die SPD von links so unangefochten wie die CDU heute von rechts. Inzwischen ist die Tabuisie-rung der äußeren Linken aufgehoben worden: erst durch die Grünen und dann durch die ehemalige PDS, die jetzige Linke, die im Bund immer noch nicht koalitionsfähig ist. Strukturell hat die CDU deshalb einen Vorteil.

*Wird sich das je ändern? Die aktuelle SPD-Spitze zeigt sich offen für spätere Bündnisse. Schließen Sie selber eine Koalition mit der Linken für immer aus?*

Nein, die Zeit dafür wird kommen. Eines Tages. Wenn die Linke sich programmatisch der Realität annähert und unhaltbare Positionen räumt, wie „Raus aus der NATO", dann kann das was werden. Viele ehemalige PDSler aus dem Osten sind im Grunde linke, pragmatische Sozialdemokraten. Wenn sie eines Tages den Ton angeben, dann ist die Linke koalitionsfähig.

*Wenn Sie sagen: Die Linke ist entstanden, weil die DDR verschwunden ist, kontern Sie die gängige These, die da lautet: Schröders Agenda-Politik hat die SPD geschrumpft, die Mitglieder gingen deshalb von der Fahne.*

Ich halte von dieser These wenig. Sicherlich sind wegen der Agenda-Politik SPD-Mitglieder ausgetreten. Aber der Rückgang der Mitgliederzahl bei der SPD – übrigens genauso bei den anderen Parteien – ist eine kontinuierliche Entwicklung seit mehr als zwei Jahrzehnten. Der Rückgang hat vielfältige Gründe, vor allem die nachlassende Bereitschaft, sich politisch zu engagieren, aber natürlich auch die demographische Entwicklung.

*Die SPD ist zu alt, ihr sterben die Mitglieder weg?*

Die meisten unserer Mitglieder sind in den 60er und 70er Jahren eingetreten. Die Überalterung ist ein Problem, aber nicht nur für die SPD, sondern für alle Parteien, ebenso für Kirchen und Gewerkschaften.

*Wie würden Sie jungen Leuten Lust machen auf Politik und die SPD?*

Ich sehe das politische Engagement der Jugend viel weniger negativ als andere. Es ist halt eine andere Form von politischem Engagement als früher, weniger an Institutionen orientiert. Das findet mehr in NGOs wie Greenpeace oder Amnesty International statt oder in den sozialen Netzwerken. Aber das ist doch auch politisches Engagement – wenn auch außerhalb von Parteien. Ich würde mir nur wünschen, dass junge Menschen lernen, wie nützlich, wenn nicht sogar zwingend notwendig es ist, sich politisch zu organisieren, wenn aus Träumen Wirklichkeit werden soll.

*Sie stimmen aber zu, dass die Sitzungen im SPD-Ortsverein nicht den höchsten Coolness-Faktor bieten für junge Leute?*

Das ist so – und gilt übrigens nicht nur für junge Menschen, wie ich aus eigener Erfahrung weiß. Allerdings wird man das nicht grundlegend ändern können, weil zur demokratischen Willensbildung nun mal eine bestimmte Organisation gehört. Am Scheitern der Piraten ist ja zu studieren, was passiert, wenn es an einer solchen Ordnung hapert.

*Sehen Sie Hoffnungsträger der nächsten oder übernächsten Generation?*

Natürlich gibt es die, nehmen Sie nur diesen jungen Mann, der als Oberbürgermeister in Wiesbaden regiert. Kennen Sie den?

*Ja. Sven Gerich, als Waise im Heim aufgewachsen, dann Druck-Unternehmer und jetzt Oberbürgermeister, ein Aufstieg vergleichbar mit Ihrem eigenen ...*

... ja, aber es kommt noch etwas dazu: Er hat sich offen zu seinem Schwulsein bekannt, insofern ist sein Weg noch ein Stück schwieriger gewesen, als meiner es war. Wie ist er zur SPD gekommen? Er hat in einer Diskussion auf die Politik geschimpft. Dann hat ihn einer gefragt: Wenn du was ändern willst, warum engagierst du dich dann nicht in einer Partei? Das war der Beginn seiner politischen Karriere in der SPD. Solche Leute müssen Sie fragen, um zu erfahren, wie junge Leute heute noch für Politik zu begeistern sind.

*Als die SPD 2013 das 150. Jubiläum feierte, wirkte das alles sehr feierlich und getragen, aber irgendwie auch ein bisschen müde und erschöpft.*

So sind solche Feiern nun mal. Das Getragene hängt sicher auch mit der Geschichte der SPD zusammen. Die Sozialdemokraten sind in den vergangenen 150 Jahren von den Regierenden eigentlich immer bekämpft und als „vaterlandslose Gesellen" beschimpft worden. Das hinterlässt Spuren.

*Sie vermuten in der SPD immer noch verborgene Minderheitskomplexe gegenüber der Obrigkeit?*

Manche von uns laufen mit dieser strukturellen Unterlegenheit rum. Dieser Mangel an Selbstbewusstsein ist ein Problem. Allerdings nicht für mich. Ich hatte das nie. Und das mögen die Konservativen gar nicht. Deswegen haben manche Abgeordneten von CDU und CSU, als ich Anfang der 80er Jahre zum ersten Mal in den Bundestag kam, schon mit Schaum vor dem Mund losgelegt, bevor ich auch nur ein Wort gesagt habe. Denn sie spürten: Der hat keinen Minderwertigkeitskomplex. Und wenn ich mir die Lebenswege einiger meiner konservativen Gegenüber anschaue, da kann ich nur sagen: Leute, was wäre wohl aus euch geworden, wenn eure Eltern euch nicht hätten helfen können. Alles, was ich geworden bin, habe ich aus eigener Kraft geschafft. Mancher Sozialdemokrat neigt dazu, selbst böseste Angriffe der gegnerischen Seite stoisch und stumm zu ertragen, anstatt zu sagen: Was wollt ihr anderen eigentlich, geht mir aus den Augen!

*Dieses Selbstverständnis der CDU kommt ja auch durch den Begriff „bürgerliche Koalition" zum Ausdruck ...*

... das Selbstverständnis von CDU und CSU ist, dass ihnen der Staat gehört. Wenn Sozialdemokraten regieren, ist das für sie eine Art Betriebsunfall der Geschichte. Was den Begriff des „Bürgerlichen" betrifft, lasse ich nicht zu, dass der von der Union okkupiert wird. Die Franzosen unterscheiden wohlweislich zwischen Bourgeois und Citoyen, wobei für den Citoyen nicht sein persönliches Interesse im Mittelpunkt steht, sondern das Wohl des Gemeinwesens. Und so verstehe ich mich auch als Bürgerlicher, als Citoyen und Staatsbürger. Denn uns Sozialdemokraten geht es um eine gute Gesellschaft, um den sozialen Ausgleich und einen handlungsfähigen Staat. Eine rot-grüne Koalition ist also auch eine bürgerliche Koalition.

*Haben Sie selbst nicht übertrieben mit der staatstragenden Rhetorik, diesem „Erst das Land, dann die Partei"? Wie glaubwürdig ist das?*

Das werden selbst unsere Gegner den Sozialdemokraten schon lassen müssen: Wenn es ganz ernst wird, ist die SPD als einzige Partei bereit zu sagen: Erst das Land, dann die Partei. Das war immer so. Dafür gibt es in der langen Geschichte der Partei viele Beispiele.

*Bei allem Patriotismus: Zunächst wurde Ihnen seit jeher ein gesunder Machtinstinkt unterstellt.*

Das ist auch richtig so. Aber nicht nur bei mir. Bei Helmut Schmidt können Sie das auch unterstellen. Und unterschätzen Sie in dieser Hinsicht Willy Brandt nicht. Alle, die in der SPD führende Positionen eingenommen haben, wussten um diesen Widerspruch zwischen Weltverbesserung und Machterhalt. Nur ist die SPD als solche meist schon zufrieden, wenn die Lehre hochgehalten wird und die Macht verloren geht. Das haben wir oft erlebt. Deswegen konnte die SPD auch nicht ihren Frieden mit der Agenda 2010 machen.

*Einer der größten strategischen Fehler der letzten zehn Jahre, meinen Sie nicht? Statt sich damit zu brüsten, überlässt die SPD der Gegenseite die Früchte der Reform.*

So ist es, und zu ihren Eigenarten gehört auch, dass sie diesen Fehler nicht einsehen kann. Große Teile der SPD fanden die Agenda im Grunde eine Zumutung, die man bestenfalls hinnehmen kann, zu der man sich aber nicht bekennen darf. Im Bundestag haben die Abgeordneten – auch unter dem Druck der Partei- und Fraktionsführung – zugestimmt, bis auf wenige Ausnahmen. Aber wenn sie sich dann in ihren Wahlkreisen dafür rechtfertigen sollten, haben sie weiche Knie bekommen und gesagt: Schröder hat uns gezwungen.

*Sie schmerzt das bis heute?*

Nein. Aber ich bedaure für meine Partei, dass sie diese Haltung eingenommen hat. Hätten wir die Erfolge der Agenda 2010 für uns reklamiert, dann wäre die SPD die erfolgreichste sozialdemokratische Partei in Europa, da bin ich sicher. Aber dieser Widerspruch zwischen der reinen Lehre und der Realität als Regierungspartei hat die SPD schon immer geprägt. Das hat die Regierungsjahre von Helmut Schmidt schwer gemacht. Oder gehen Sie zurück in die Weimarer Republik, als Sozialdemokraten die Regierung des eigenen Reichskanzlers Müller 1930 unter anderem über die Frage der geringfügigen Erhöhung der Arbeitslosenversicherungsbeiträge scheitern ließen. Daran zerbrach dann diese letzte parlamentarisch getragene Koalition. Dieser Konflikt hat erheblich zu einer allgemeinen Verunsicherung beigetragen. Am Ende befand sich die SPD in der Opposition, und es waren Kräfte an der Macht, die den Nationalsozialisten den Weg ebneten.

*Die historisch größte Tat der SPD, so haben Sie mal ge-*
*sagt, besteht darin, dem Ermächtigungsgesetz der Nazis*
*nicht zugestimmt zu haben.*

Das war sicher so. Die SPD war im Grunde *die* demokratische Partei der Weimarer Republik – schon weil sie mit
der Ausrufung der Republik durch Philipp Scheidemann
die erste deutsche Demokratie aus der Taufe gehoben
und sie dann auf ein zunächst festes Fundament gestellt
hat. Eine ähnlich konstruktive Rolle haben auf der gemä-
ßigten Rechten die Deutsche Volkspartei zu Zeiten von
Gustav Stresemann und das katholische Zentrum gespielt.
Aber die Hälfte der Gesellschaft war auf der antirepubli-
kanischen Seite. Dazu gehörte die KPD, die ja durchaus
um die 15 Prozent auf die Waage brachte. Sie war so wenig republikanisch wie die Rechte um Hugenberg und
Hitler. Insofern ist es ein Wunder, dass die Republik während der schweren Wirtschaftskrise überhaupt überlebt
hat. Und als es dann wirklich ernst wurde, als die Nationalsozialisten 1933 das „Ermächtigungsgesetz" im Reichs-
tag einbrachten, hatten einzig die Sozialdemokraten den
Mut, dagegen zu stimmen. Zu einer Zeit, als die Kommunisten ihr Mandat schon nicht mehr wahrnehmen
konnten und als jeder wusste, was ihn bei einer Ablehnung des Gesetzes erwarten würde – Verfolgung, Folter,
Ermordung –, sagte Otto Wels im Namen der SPD: „Freiheit und Leben kann man uns nehmen, die Ehre nicht."
Das war Heldenmut, der im deutschen Parlament nie wieder gezeigt worden ist und – Gott sei Dank – auch nicht
wieder gezeigt werden musste. Ich hoffe, das bleibt so.

*Was war dann aus Ihrer Sicht die größte Niederlage, der größte Fehler der Sozialdemokratie in den 150 Jahren?*

Wer politisch handelt, macht Fehler. Die SPD hat Fehler gemacht. Aber sie hat in den 150 Jahren nie einen Fehler gemacht, der Deutschland auf die schiefe Bahn gebracht oder gar ins Verhängnis gestürzt hätte. Im Gegenteil: Ohne Sozialdemokraten wäre es nach 1945 nicht möglich gewesen, ein politisch, wirtschaftlich und sozial stabiles Staatswesen aufzubauen. Das gilt ausdrücklich auch für die Außenpolitik: Willy Brandts und Helmut Schmidts Ostpolitik war eine bedeutende Leistung. Und dann ist die konsequente europäische Orientierung zu nennen, die geblieben ist bis zum heutigen Tag.

*Die SPD hat also Fehler gemacht, aber die sind aus Ihrer Sicht verzeihbar. Nennen Sie doch wenigstens einen!*

Als einen Fehler, natürlich verzeihbar, sehe ich es, dass die SPD nicht frühzeitig genug deutlich gemacht hat, dass man die Mitläufer aus der alten SED nicht sich selbst überlassen durfte. Die SPD hat sich zu früh und klar festgelegt: „Mit uns nicht, wir brauchen eine Neugründung der SPD in Ostdeutschland."

*Sie hätten es im Rückblick für klüger gehalten, die SED-Leute zu übernehmen?*

Die Union war in der Frage jedenfalls geschmeidiger und hat argumentiert: Die CDU im Osten heißt wie wir, da nehmen wir sie auf, auch wenn sie eine DDR-Blockpartei war und im Grunde wie die SED agiert hat. Die SPD hat den Fehler gemacht, den einfachen Mitgliedern der SED zu signalisieren: Wir wollen euch nicht. Stattdessen hätte man denen, die sich nichts zuschulden haben kommen lassen, eine Chance geben sollen – nicht gleich wieder in wichtigen Ämtern, aber durch Mitarbeit. Das habe ich übrigens schon unmittelbar nach dem Mauerfall gesagt. Kann man nachlesen. So wäre möglicherweise eine Entwicklung verhindert worden, die in die Gründung der PDS mündete.

*Sie haben jetzt die Großtaten der sozialdemokratischen Kanzler gewürdigt – welche Errungenschaften würden Sie den Konservativen zubilligen?*

Eindeutig die Westbindung unter Adenauer. Dann hat Helmut Kohl die Chance zur deutschen Einheit ergriffen. Er ist mit der Chance völlig angemessen umgegangen, hat sehr geschickt verhandelt und sich dabei auf ein Netzwerk in den internationalen Beziehungen verlassen können, das er in den vorausgegangenen Jahren geknüpft hatte. Dabei spielte Vertrauen eine große Rolle. Das bleibt ohne Zweifel Kohls historisches Verdienst. Insgesamt hat die Bundesrepublik mit den Konstellationen, unter denen sie regiert wurde, relativ viel Glück gehabt.

*Schließt das Lob auch Angela Merkel, Ihre Nachfolgerin, mit ein?*

Es ist zu früh, das zu beurteilen. Die Krise in Europa ist noch lange nicht bewältigt.

*Wenn die Union die Sozialdemokraten kopiert, was bleibt dann der SPD noch als Alleinstellungsmerkmal?*

Zunächst einmal können wir uns doch gar nicht dagegen wehren, wenn Ideen, die die Sozialdemokratie entwickelt hat, von anderen weiterentwickelt werden. Es wäre ja auch töricht zu sagen: Jetzt ist aber Schluss. So geht das ja in der Politik nicht. Unser Alleinstellungsmerkmal ist vielmehr, dass wir den Leuten sagen können: Nehmt das Original, nicht das Plagiat.

*In dem Maß, in dem die CDU sich sozialdemokratisiert, wird die SPD immer strukturkonservativer. Aus der Partei des Fortschritts wurde die Partei der Technikfolgen-abschätzung.*

Das ist ja auch nicht falsch, wenn man die Folgen dessen, was man so tut, sorgfältig abschätzt. Technikfolgenabschätzung hat auch ihr Gutes, solange sie nicht zur Blockade führt.

*Allzu oft erleben wir in Deutschland Blockaden, etwa in der grünen Gentechnik, wo die Forschung abwandert ...*

Es gibt durchaus Bereiche, in denen wir offener gegenüber dem Fortschritt sein sollten. Dafür habe ich mich schon als Bundeskanzler stark gemacht. Damals wie heute bin ich der Auffassung, dass in der Gentechnologie nicht alle Möglichkeiten ausgereizt sind. Nehmen Sie die Debatte über die Frage der Präimplantationsdiagnostik. Ich kann verstehen, dass Menschen gerne wissen möchten, ob ihr Kind mit Schwerstbehinderungen zur Welt kommt. Aber wenn die Widerstände in der Bevölkerung zu stark sind, wie im Fall gentechnisch veränderter Lebensmittel, dann kann man kaum etwas machen.

*Der Politik fehlen die Mittel, die Akzeptanz herzustellen?*

Eine Mutter, die Angst um die Gesundheit ihres Kindes hat, wenn sie es mit Gen-Food ernährt, wird man nicht vom Gegenteil überzeugen können. Das sind ja keine politisch geweckten Ängste, sondern menschliche Urängste. Die waren immer da, und die wegzukommunizieren ist schlicht unmöglich. Also: Nicht alles, was technisch geht, ist auch durchsetzbar.

## KAPITEL 8

# China und die Möglichkeiten der Diplomatie

*Herr Schröder, Rot-Grün hat die Bundeswehr in Kriegs-*
*einsätze geschickt. Joschka Fischer hat oft genug gesagt,*
*er sei nie Pazifist gewesen. Wie ist das bei Ihnen?*

Ich war auch nie Pazifist, wäre nie auf die Idee gekommen,
den Wehrdienst zu verweigern. Nur stellte sich die Frage
nicht, weil ich der einzige Sohn eines gefallenen Vaters bin.
Mein Vater ist ja 1944 im Oktober in Rumänien, keiner
weiß genau wo, gefallen. Sein Grab wurde erst Jahrzehnte
später entdeckt. Als Bundeskanzler habe ich es besucht.
Das war sehr berührend. Als Anwalt habe ich Kriegsdienst-
verweigerer vertreten, deren Gewissensgründe vor Aus-
schüssen geprüft wurden – mit teils grotesken Fragen.

*Was machen Sie, wenn Ihre Tochter im Wald vergewal-*
*tigt wird und Sie eine Waffe haben? Solche Dinge wur-*
*den damals geprüft.*

Ja, grotesk. Als junger Bundestagsabgeordneter habe ich
auf Bitten des damaligen SPD-Fraktionsvorsitzenden Her-
bert Wehner an einem Arbeitskreis der Fraktion teilgenommen, der das Ziel hatte, diese Gewissensprüfungen,
wie man sie nannte, abzuschaffen. Ich kann mich noch
gut an die Diskussionen in dem Gremium erinnern. Ein
Prälat der katholischen Kirche hat für die Prüfungen argumentiert, mit der Begründung: Wer seine Gewissens-

entscheidung begründen will, braucht dazu ein Gegenüber, an dem er seine Argumentation schärft. Ich habe ihm widersprochen, mit meiner Erfahrung als Anwalt: Herr Prälat, habe ich gesagt, wenn jeder Prüfungsausschussvorsitzende so intensiv über solche Fragen nachdenkt wie Sie, dann könnte man natürlich über die Beibehaltung der Prüfungen reden. Aber da das nicht der Fall ist, bleibt uns nur der Weg der Abschaffung. So kam es 1983 auch. Ich selbst hätte kein Problem damit gehabt, zur Bundeswehr zu gehen, wenn auch ungern, weil das meine Bildungsperspektiven tangiert hätte. Aber ich hätte es wohl getan und kann mir nicht vorstellen, dass ich aus Gewissensgründen verweigert hätte. Pazifismus war nie eine Position, die ich eingenommen habe.

*Trotzdem fiel Ihnen die Entscheidung für die Militäreinsätze schwer, vermute ich.*

Das ist die schwierigste Entscheidung für einen Kanzler überhaupt. Darüber wurden härteste Diskussionen geführt, vor allem beim ersten Kampfeinsatz unserer Soldaten in der bundesdeutschen Geschichte: im Jahr 1999 im Kosovo. Innerhalb der Grünen wurde gestritten, aber auch innerhalb der SPD. Auf dem SPD-Parteitag 1999 wurde diese Frage letztlich durch eine Intervention von Erhard Eppler entschieden. Er hat den Parteitagsdelegierten deutlich gemacht: Die Entscheidung, vor der wir stehen, ist tragisch. Egal, wie wir entscheiden, wir tragen eine große Verantwortung: wenn wir unsere Soldaten in den Krieg schicken, aber auch wenn wir dies unterlassen. Eppler hat den Parteitag davon überzeugt, dass vor dem Hintergrund eines drohenden Genozids im Kosovo ein Unterlassen schlimmer wäre als das militärische Eingreifen.

Aber auch wenn man von der Legitimität seines Handelns überzeugt ist, bleibt das Abwägen schwer. Sie treffen in dem Moment eine Entscheidung, die andere aushalten müssen, physisch und psychisch. Als Politiker riskieren Sie lediglich Ihre politische Karriere, die Soldaten, die Sie schicken, riskieren hingegen ihr Leben. In dieser extremen Entscheidungssituation habe ich mich immer gefragt: Was sage ich den Familien, wenn die Tornados nicht zurückkehren und die Soldaten gefallen sind? Selbst wenn jeder Soldat weiß, was ihn in einem Kampfeinsatz erwarten kann, bleibt das eine der schwierigsten politischen Entscheidungen, die man als Staatsmann zu treffen hat. Daran trägt man lange.

*Egon Bahr schreibt in seinen Erinnerungen („Das musst du erzählen"), dass Regierungen von Demokratie und Menschenrechten reden, in Wirklichkeit gehe es immer nur um Interessen. Würden Sie das unterschreiben?*

Natürlich geht es um Interessen. Aber das eine schließt das andere nicht aus: Wie man mit der Verletzung von Menschenrechten umgeht, das ist eine ständige Frage. Ich will das am Beispiel Chinas erklären, das ich für ein außerordentlich wichtiges Land halte – wirtschaftlich ohnehin, aber auch wegen der großen Herausforderung, diesen riesigen, dynamischen Akteur in die internationalen Strukturen einzubinden. Meine Idee war von Anfang an, eine enge Partnerschaft zwischen China auf der einen Seite und EU und Deutschland auf der anderen Seite zu schaffen, was ja auch gelungen ist. Ich war dort während meiner Kanzlerschaft jedes Jahr einmal. Üblicherweise reiste man dorthin mit einer Wirtschaftsdelegation und einer Delegation von Journalisten. Die Wirtschaftsdelegation erwartet, dass man sich für ihre Geschäfte einsetzt.

*Der Bundeskanzler als oberster Lobbyist, das ist der Anspruch der deutschen Wirtschaft?*

Ja, und völlig zu Recht. Damit hatte ich nie ein Problem, im Gegenteil: Ich fand es wichtig und richtig, dass der deutsche Bundeskanzler sich um die Förderung der deutschen Wirtschaft im Ausland kümmert, egal wo. Wir sind nach China die größte Exportnation der Welt. Jeder vierte Arbeitsplatz hängt am Export. Ich habe mich aus tiefer Überzeugung für deren Interessen eingesetzt, auch in China. Die Erwartungen von Journalisten waren andere: Die erwarteten bei jedem Besuch, dass die Defizite bei den Menschenrechten angesprochen wurden. Das tat ich auch, und der chinesische Kollege entgegnete dann, dass man das völlig falsch sehe und es im Übrigen in China auch in dieser Hinsicht eine Entwicklung gebe. Die Vorwürfe müsse er daher freundschaftlich, aber in aller Deutlichkeit zurückweisen. Was war das Ergebnis? Keines.

*Man hat die Menschenrechte angesprochen, nur um hinterher sagen zu können: Wir haben das Thema angesprochen. Ein folgenloses Ritual.*

So ist es. Ein Ritual, und beide Seiten wussten das. Ich habe dann überlegt, wie man das besser machen könnte.

172

Der erste Schritt war, Listen mit Namen vorzubereiten, bei denen wir um Hilfe baten: meist Oppositionelle oder Künstler, die unter staatlichem Druck standen. Die Liste wurde nicht erörtert, nur übergeben.

*Haben die Listen etwas gebracht?*

Gelegentlich half es, gelegentlich half es nicht. Deshalb haben wir uns einen zweiten Schritt überlegt, den Dialog zu entritualisieren – und den sogenannten Rechtsstaatdialog ins Leben gerufen. Der wurde ernsthaft geführt, und zwar auf verschiedenen fachlichen Ebenen. Es gibt ihn heute noch. Wir haben dort über die Bedeutung unabhängiger Justizorgane, unabhängiger Rechtsanwälte und andere Themen diskutiert. So konnte die Zivilgesellschaft breiter beteiligt werden. Es ist etwas in Gang gekommen, das ich für besser halte als die ritualisierte Form der China-Kritik, die ja nicht an das chinesische Publikum gerichtet ist, sondern an das deutsche und daher folgenlos bleibt.

*Wie weit ist China heute nach westlichen Maßstäben in Sachen Demokratie und Menschenrechte?*

Erst einmal muss man die ungeheure Entwicklung anerkennen, die das Land genommen hat: Seit Beginn der Öffnungspolitik sind nicht nur 400 Millionen Menschen aus Armut und Hunger befreit worden. Es ist auch eine durchaus ansehnliche Mittelschicht entstanden, der es gut geht. Ich bin überzeugt, dass diejenigen, die dieser Schicht angehören, für Veränderungen auch im Sinne einer zunehmenden Demokratisierung sorgen werden. Die ersten Zeichen sind ja schon sichtbar. Menschen fangen an, gegen Enteignungen für Großprojekte und gegen eine Produktion ohne Rücksicht auf die natürlichen Lebensgrundlagen zu protestieren. Das heißt: Es gibt durchaus Äußerungen der Zivilgesellschaft in China, die Anlass zur Hoffnung geben. Die eigentlich spannende Frage ist doch: Welche gesellschaftlichen oder auch kulturellen Tendenzen setzen sich durch? Auf der einen Seite sehen wir einen ungezähmten Kapitalismus. Und daneben existiert diese uralte chinesische Kultur, die sich zum Beispiel in der Literatur, in der Philosophie, in der Malerei äußert. Die chinesische Gesellschaft hat sich immer dadurch ausgezeichnet, äußere Einflüsse zu integrieren – wenn man so will, sie zu sinologisieren. Die spannende Frage ist nun: Wer setzt sich durch? Der ungezügelte Kapitalismus oder die chinesische Kultur? Kultur verstanden in einem sehr umfassenden Sinne: das chinesische Denken, die chinesische Art zu leben, der Traditionssinn, der Familiensinn – werden sie den Kapitalismus einhegen? Oder wird diese Art zu leben verdrängt, und es dominiert die Konsumgesellschaft?

*Auf den ersten Blick obsiegt der Konsum: Westliche Marken sind das Nonplusultra, alle wollen sie eine S-Klasse oder einen Audi als Statussymbol.*

Das ist so. Aber gleichzeitig gibt es in der chinesischen Gesellschaft doch einen sehr sichtbaren und spürbaren Wunsch nach stärkerem Zusammenhalt und einem verantwortungsbewussten sozialen Verhalten. Von daher ist diese Frage noch nicht entschieden.

*Deutsche Manager wollen sich die Freude an dem Riesen-markt nicht verderben lassen durch Menschenrechts-debatten. Wenn die Bundesregierung den Dalai Lama empfängt, wird das als störend empfunden: Bringt nichts, schadet im Zweifel nur der deutschen Industrie in China.*

Ich habe den Dalai Lama niemals empfangen. Ich habe auch keinen Anlass dazu gesehen.

*Wie erklären Sie es sich, dass ausgerechnet die CDU, den christlichen Kirchen verpflichtet, so viel Aufhebens um den Dalai Lama macht?*

Ich glaube, das hat innenpolitische Gründe. Eine Regierung muss einen solchen Schritt aber auch unter außenpolitischen Gesichtspunkten abwägen. Wenn sie meint, sie müsse ihn in Deutschland empfangen, dann sollte man den Schaden minimieren.

*Das heißt möglichst ohne Rummel ...*

... und ohne ihn im Kanzleramt zu empfangen. So etwas hat eine erhebliche außenpolitische Signalwirkung, und zwar keine positive.

*Was stimmt Sie so zuversichtlich, dass mit wachsenden Mittelschichten sich mehr oder weniger automatisch auch die Demokratie durchsetzt? Kann es nicht auch sein, dass die Wirtschaft dort aufblüht ohne Demokratie?*

Das glaube ich eben nicht. Letztlich ist die demokratische Gesellschaft dem autoritären System überlegen. Der Kapitalismus ist ja per se ein dezentrales System: Jeder Mensch entscheidet für sich, was er produziert und konsumiert. Wenn die Chinesen erfolgreich sein wollen, dann müssen sie demokratische Elemente einführen, schlicht aus ökonomischen Gründen. Mit fortschreitender Entwicklung werden sie ja auch aufgeklärter; die wissensbasierte Ökonomie braucht auch immer besser ausgebildete Menschen – irgendwann passt ein autoritäres politisches System nicht mehr dazu. Das heißt: Die Dynamik der Industriegesellschaft und die Notwendigkeiten der Ökonomie erzwingen eine Demokratisierung. Auf lange Sicht wird sich ein autoritäres Regime dem nicht entziehen können. Sie können diese Prozesse in China bereits sehen.

*Beschränkt erst mal auf die Industriestädte an der Küste? Im Landesinneren sieht es anders aus.*

Ja und nein. Erst mal ist die Entwicklung auf den Osten des Landes beschränkt, das stimmt. Aber die Go-West-Strategie wirkt durchaus auch im politischen Sinne. Da wachsen Städte mit 30 Millionen Menschen im Landesinnern, mit einem Nebeneinander von altem und neuem China.

*Kann diese Transformation halbwegs friedlich gelingen?*

Es gibt Hoffnung. Schon weil die Kommunistische Partei nach meinem Dafürhalten bei Weitem nicht so geschlossen ist, wie sie von außen betrachtet erscheint. Im Grunde gibt es zwei Tendenzen: Einmal die sehr auf wirtschaftliche Effizienz ausgerichteten Kräfte in der Führung von Partei und Staat. Sie sind womöglich gerade im Übergewicht, halten sehr klare, effiziente kapitalistische Strukturen in der Wirtschaft für richtig und sehen die Steigerung von Wohlstand als Maxime an. Gleichzeitig gibt es diejenigen, die sich um sozialpolitische Fragen, etwa das Problem der Wanderarbeiter, und auch um ökologische Fragen kümmern – wenn auch aus anderen Motiven als bei uns. Beide Positionen sind in der chinesischen Politik vertreten.

*Wie tief waren Ihre Einblicke als Bundeskanzler in diese innerparteilichen Widersprüche? Wir sehr öffnen sich die Chinesen gegenüber ausländischen Staatsgästen in solchen Fragen?*

In den offiziellen Treffen während der Amtszeit gar nicht, das sind ja weitestgehend ritualisierte Gespräche mit den Delegationen am Verhandlungstisch. Eigentlich interessant wurde es nach dem Abschied aus dem Amt. Dann kann man offener reden, wenn man ein paar Gesichtspunkte berücksichtigt: dass das, was einem vertraulich anvertraut ist, auch vertraulich bleibt; dass man Respekt für die geleistete Entwicklung erkennen lässt, ohne dass man Fehler ausklammert, die in der chinesischen Führung durchaus auch gesehen werden.

*Sie werden in China wie Helmut Schmidt mit dem Titel „Alter Freund des chinesischen Volkes" begrüßt. Wie wird man das eigentlich?*

Den Titel muss man sich erarbeiten durch Präsenz, durch Interesse an der Entwicklung, auch durch Kritik, die allerdings nie belehrend oder gar herablassend sein darf, weil das zu einem Gesichtsverlust auf chinesischer Seite führen könnte.

*Der Fernsehzuschauer stellt sich die meisten Regierungsbesuche wahnsinnig steif vor, die mit Chinesen besonders ...*

... das ist nicht so. Oder sagen wir so: Die meisten Kanzlerreisen sind in ein enges Korsett gepresst, in China ebenso wie in anderen Ländern auch. Eine Kanzlerreise in den USA bewegt sich in genau so einem engen protokollarischen Rahmen wie in China. Und die Sicherheitsgesichtspunkte sind in Amerika eher größer als in China. Das ist bei Reisen in Europa leichter, lockerer, weil man seine Gesprächspartner seit längerem kennt und sich häufig sieht.

*Wie wichtig ist es für die Chinesen, dass Ihnen die deutsche Regierung ihre Aufwartung macht? Zählt der Chef eines Weltkonzerns wie BASF oder Daimler nicht mehr?*

Nein, es ist genau umgekehrt. Die chinesische Führung ist sehr protokollbewusst, und die Wirtschaft hätte es ohne politische Unterstützung gewiss schwerer. Hier ist eine Begleitung durch die Politik oder auch die Diplomatie nicht nur hilfreich, sondern häufig unverzichtbar.

*Das heißt: Wenn der Konzern XY eine neue Fabrik hochziehen will, ist es klüger, dies im Rahmen einer Kanzlerreise vorzubereiten?*

Dies mag helfen, ja. Wichtig ist eine langfristige Präsenz des Unternehmens in China. Am Ende wird das zur Veränderung der dortigen Gesellschaft beitragen. Autoritäre Regime lassen sich schwerer organisieren, wenn sie nicht abgeschlossen sind. Die treffende Maxime „Wandel durch Annäherung", die Willy Brandt und Egon Bahr während des Kalten Krieges für die deutsche Ostpolitik entwickelt haben, gilt ja generell. Auch für China.

*Das Bild der deutschen Wirtschaft von China hat zwei Seiten: Erst einmal locken die Chancen des riesigen Marktes, gleichzeitig droht von dort neue, übermächtige Konkurrenz ...*

Man sollte sich nicht Ängsten hingeben. Gerade aus deutscher Sicht ist ein ökonomisch wie politisch starkes, ein entwickeltes China sehr zu begrüßen, zumal Chinas Außenpolitik im Kern nicht aggressiv ist. Es werden die eigenen Positionen betont, wie in der Taiwan-Frage zu sehen ist. Man legt in Peking Wert darauf, dass die Ein-China-Politik nicht in Frage gestellt wird. Das hat die Bundesregierung auch nie getan, seit 1972 – also während der Kanzlerschaft Willy Brandts – diplomatische Beziehungen zur Volksrepublik China aufgenommen worden sind. Deutschland hat ein Interesse daran, dass China weiterhin wirtschaftlich erfolgreich bleibt und politisch verantwortungsbewusst handelt. Es gibt also keinen Grund dafür, unsere deutsche China-Politik grundsätzlich zu ändern.

## KAPITEL 9

# Energiepolitik und der Wirtschaftsstandort Deutschland

*Herr Schröder, wie steht es um Ihre private Energiewende? Haben Sie zu Hause Ökostrom?*

Ja, sicher. Wir haben Sonnenkollektoren auf dem Dach. Sie sehen: Die private Energiewende funktioniert ganz offenkundig.

*Und die öffentliche? Würden Sie darauf wetten, dass der Terminplan zu halten ist?*

Ganz sicher nicht, eher biete ich eine Gegenwette an: Ich rechne damit, dass bis zum Jahr 2022 nicht alle Kernkraftwerke abgeschaltet sind. Bis dahin sind es ja weniger als zehn Jahre. Nach meinem Eindruck wird die völlige Umstellung so schnell nicht gelingen; Verbraucher wie Industrie werden revoltieren und die Politik unter Druck setzen, den Termin schon aus Kostengründen nach hinten zu schieben.

*Was läuft aus Ihrer Sicht schief?*

Erstens ist die Energiewende erbärmlich umgesetzt, und zweitens glaube ich, dass selbst bei besserem Management die Ziele kaum zu erreichen sind, weil weder die Netze in dieser kurzen Zeit hinreichend ausgebaut werden können noch die Versorgungssicherheit zu bezahlbaren Preisen sichergestellt werden kann. Ich habe immer die Auffassung vertreten, dass die ursprünglichen Zeiträume, für die wir im Jahr 2000 den Atomausstieg verhandelt hatten, also 32 Jahre, sinnvoll sind.

*Dann kam Fukushima dazwischen und hat alles beschleunigt.*

Allerdings sollte man nicht vergessen, dass meine Nachfolgerin zunächst den von mir ausgehandelten Atomausstieg rückgängig gemacht und die Laufzeiten um bis zu 14 Jahre verlängert hat. Dann passierte diese schreckliche Katastrophe von Fukushima. Und das Argument, nach Fukushima müsse in Deutschland alles neu gedacht werden, kann ja auch nicht stimmen: Entweder ist die Gefahr durch deutsche Atomkraftwerke so dramatisch, dann müssen sie alle sofort vom Netz. Oder man kann sich die Zeit nehmen, die man braucht, um Atomenergie zu ersetzen.

*Hätten Sie auch so rational argumentiert, wenn Sie direkt nach Fukushima eine Landtagswahl zu überstehen gehabt hätten, so wie Angela Merkel seinerzeit in Baden-Württemberg?*

Ja. Ich habe Frau Merkels Aktionismus nicht verstanden. Warum hatte sie nicht die Größe, nach Fukushima zu sagen: Wir gehen zum unter Rot-Grün ausgehandelten Energiekonsens zurück. Kein Energieversorger hätte klagen können. Sie haben ja alle unterschrieben. Und in den Zeiträumen, die wir mit den Energieversorgern ausgehandelt hatten, hätten sowohl die Netze hergestellt als auch Alternativen zur Kernkraft weiter aufgebaut werden können.

*Ein Grund für mögliche Verzögerungen jetzt ist die leicht schizophrene Haltung der Leute: Man will grüne Energie, aber keine Leitung hinterm Garten, die den Strom von den Windrädern an der Küste zu den Haushalten bringt.*

Diesen Widerstand muss die Politik überwinden, keine Frage. Dass dies am besten im Dialog geschieht, wissen wir. Und dass es nicht enden kann und soll wie Stuttgart 21, ist auch klar. Das muss man den Leuten vermitteln, deutlich besser als bisher. Am Ende aber muss die Politik es durchsetzen.

*Sie haben schon seinerzeit als Juso-Vorsitzender gesagt: Der Ausstieg aus der Atomenergie geht nur im Einklang mit den Kapitalinteressen und den Organisationen der Arbeiterklasse. Schon damals setzten Sie auf Konsens.*

Sehr weise, nicht? Die Debatte um die Kernkraft hatte damals, Ende der 70er Jahre, mit Three Mile Island begonnen, jenen amerikanischen Atomreaktoren, die fast im Super-GAU in die Luft geflogen wären. Damals habe ich gesagt: Ganz so einfach, nur weg mit den AKWs, wird das nicht gehen. Wir müssen mit den Versorgern und den Gewerkschaften darüber reden, wie man das organisieren kann. So etwas kann man nur im Konsens machen. Als ich 1990 Ministerpräsident wurde, haben wir sofort den ersten Versuch unternommen: Politik, IG Chemie, Versorger. Die Grünen haben damals mit dem bekannten Slogan „Konsens ist Nonsens" schwer dagegengehalten. Später, als wir dann in Berlin regierten, musste der grüne Bundesumweltminister Jürgen Trittin ihn umdrehen: „Ohne Konsens ist alles Nonsens". Aber diese Gespräche Anfang der 90er Jahre sind vor allem von den Genossen in der SPD torpediert worden.

*Warum?*

Da hatte sich ein merkwürdiges innerparteiliches Bündnis gebildet; Lafontaine, damals Ministerpräsident im Saarland, war dabei. Die taten alle so, als ginge der Ausstieg auch schneller. Im Grunde aber ging es um eine politische Konkurrenz zwischen den Protagonisten. Für die meisten Spitzengenossen war ich wieder einmal derjenige, der mit dem „Kapital" kungeln wollte, und die anderen wollten den Durchmarsch. Weil die in den Gremien der SPD die Mehrheit hatten, wurde das Projekt dann auf die lange Bank geschoben. Erst rund ein Jahrzehnt später, in der Bundesregierung, haben wir das alte Konsens-Konzept wieder aufgegriffen. Einige aufgeklärte Energiemanager waren dabei, die begriffen hatten, dass man eine Atompolitik nicht gegen die Mehrheit der Gesellschaft durchsetzen kann. In einer Nachtsitzung im ehemaligen DDR-Staatsratsgebäude, wo das Kanzleramt provisorisch untergebracht war, haben wir den Pakt dann im Konsens mit den Energieversorgern unter Dach und Fach gebracht.

*Wie kam es gerade zu den Restlaufzeiten von 32 Jahren für die AKWs?*

Mit Wissenschaft hatte das jedenfalls nichts zu tun. Als wir mit den Energieversorgern verhandelt haben, also im Jahr 2000, wollten die 40 Jahre und die Ausstiegsbefürworter 25

Jahre. Wenn Sie das zusammenzählen, sind das 65, und die Hälfte ist 32 ½. Also haben wir ihnen ein halbes Jahr abgehandelt.

*Die völlige Willkür also. Hätte die Industrie 50 Jahre verlangt, dann wären Sie bei 37 Jahren Restlaufzeit gelandet.*

Nein. Es musste ja am Ende eine Zahl herauskommen, die für beide Seiten akzeptabel war, für die eine politisch, für die andere unternehmerisch.

*Was passiert, wenn die Energiewende bis 2022 nicht klappt? Steigen wir dann trotzdem aus der Kernenergie aus und importieren Atomstrom aus Tschechien und Frankreich?*

Das glaube ich nicht, eher wird man den Zeitplan überdenken.

*Weil sonst die Blamage zu groß wäre?*

So würde ich das sehen. Die Förderung der erneuerbaren Energien über den Strompreis wird dazu führen, dass die Verbraucher, insbesondere die am unteren Ende der Einkommensskala, irgendwann revoltieren und sagen: „Wir können uns das nicht mehr leisten." Die erneuerbaren Energien zu subventionieren, um sie anzuschieben und marktreif zu machen, ist richtig. Das Problem ist: Es bezahlen nicht alle Verbraucher dafür. Wir befreien Teile der Industrie, damit sie international wettbewerbsfähig bleibt. Das ist notwendig. Die Diskussion um die Großverbraucher wird aber dazu führen, dass die Regierung auch unter den Druck der produzierenden Industrie kommt: An der Energie hängt die industrielle Entwicklung Deutschlands, das ist eine Schlüsselfrage für die Politik, und es ist die große Herausforderung für die nächsten Jahre. Sonst geht unser Standortvorteil verloren. Strom muss bezahlbar bleiben.

*Beginnt das Grundübel in der Energiepolitik denn nicht schon mit dem rot-grünen Erneuerbare-Energien-Gesetz (EEG)? Damit haben Sie seinerzeit eine milliardenschwere Umverteilung losgetreten: Der Stromkunde zahlt, das Geld landet bei den Solarbauern in Bayern und anderswo.*

Richtig ist, dass man die Höhe der EEG-Umlage genau prüfen muss. Das EEG war aber ein epochales Gesetz, übrigens vielfach kopiert in anderen Ländern. Heute ist die Frage: Wie groß ist der Subventionsbedarf noch, wann sind die erneuerbaren Energien marktreif? Ist dieser Punkt erreicht, dann müssen sie sich am Markt bewähren. Daraus sollte keine Dauersubvention werden. Aber ich meine, seinen Preis darf die Einführung von erneuerbaren Energien schon haben: Die Umweltbilanz verbessert sich dadurch ja auch.

*Die Solarindustrie ruft nach Schutz vor der erstarkten ausländischen Konkurrenz.*

Protektionismus ist Unsinn. Man sollte sich lieber ein Beispiel an der deutschen Textilindustrie nehmen. Die stand unter ähnlichem Konkurrenzdruck. Nur hat die Textilindustrie irgendwann verstanden, dass sie die Produktion von Massenware nicht mehr zu vertretbaren Kosten schafft. Die Fabriken wanderten ab, über Slowenien und die Türkei am Ende nach China und Vietnam. Als einmal in einer Debatte mit dem türkischen Ministerpräsidenten Erdogan die Frage aufkam, wie die Türkei ihre Textilindustrie schützen könne, habe ich von den überlebenden Textilbetrieben hierzulande berichtet und wie sie das geschafft haben; hochspezialisiert, mit weltweiter Bedeutung. Hier wird Design, Finishing und Vertrieb gemacht. Das heißt: Wir haben die Produktion abgeben müssen, haben aber heute die werthaltigeren Arbeitsplätze. Danach sollten sich Unternehmer in der Solarindustrie richten, statt nach staatlicher Hilfe zu rufen.

*Die Solarlobby war halt lange verwöhnt von der öffentlichen Gunst. Die Atomlobby dagegen galt immer als böse.*

Das hängt nun mal damit zusammen, dass die Ängste der Menschen auch unterschiedlich sind, aus verständlichen Gründen. Angefangen damit, dass wir es in Deutschland noch immer mit einer völlig ungeklärten Endlagerungssituation für die Brennstäbe zu tun haben.

*... da sind auch Sie mitverantwortlich, oder nicht? Gorleben war als Endlager schon lange vorgesehen ...*

Sicher, aber wir waren und sind fest davon überzeugt, dass Gorleben nicht geht. Gorleben war doch keine Entscheidung, die irgendwas mit Sicherheit zu tun hatte. Unter Ernst

Albrecht, damals Ministerpräsident in Hannover, ist ganz bewusst ein Salzstock ausgesucht worden, der möglichst weit weg vom Schuss und an der Grenze zur damaligen DDR lag. Das war der Hintergrund der ganzen Entscheidung. Nicht akzeptabel. Außerdem haben diejenigen, die am entschiedensten für den Ausbau der Kernkraft waren – die CSU in Bayern und die CDU in Baden-Württemberg –, peinlichst darauf geachtet, dass sie bei der Standortsuche außen vor blieben.

*Herr Schröder, wir haben über die Bedeutung Chinas gesprochen, im Moment lebt die deutsche Wirtschaft sehr stark von diesem Markt. Irgendwann werden die Chinesen aber versuchen, Luxusautos nach Europa zu exportieren – und nicht immer nur Audis, Mercedes und BMWs kaufen.*

Es ist nun mal nicht zu verhindern, dass neue Konkurrenz auftaucht. So funktioniert der Handel in der Welt. Die Internationalisierung der deutschen Wirtschaft, der großen wie der mittelständisch organisierten, ist gerade ein Grund für die Stärke unseres Modells. Die deutsche Industrie stellt her, was in den Schwellenländern gebraucht wird, um deren Aufholprozess organisieren zu können. Deswegen sind die gelegentlichen Rufe nach Protektionismus grundfalsch. Solche Maßnahmen ziehen Reaktionen nach sich, und als Exportnation sind wir die letzten, die sich Attacken gegen den Freihandel leisten können. Zumal mit Protektionismus und Subventionen keine Branche, die nicht mehr international wettbewerbsfähig ist, vor dem Untergang zu bewahren ist. Wenn die Produktion in

Deutschland aus Kostengründen nicht zu halten ist, dann müssen sich die Unternehmen spezialisieren, dann müssen sie sich auf Forschung, Entwicklung und Design konzentrieren.

*Als Land der Designer werden wir aber kaum überleben; Deutschland braucht schon Produktion, Autofabriken und nicht nur Autostylisten.*

Eben. Ich wäre der Letzte, der einer Entindustrialisierung Deutschlands das Wort reden würde: Die Industrialisierung ist ein hohes Gut, das gepflegt werden muss. Aber man muss wissen, wo und wie sich Produktion in Deutschland lohnt. Ist es nicht erstaunlich, dass heute viele nach Deutschland zurückkommen, die noch vor kurzem meinten, in Polen, in Tschechien oder anderswo billiger produzieren zu können? Der Anteil der Arbeitskosten hat sich in vielen Bereichen vermindert, und die Lohnabstände sind nicht mehr so hoch. Wenn ein Produkt anderswo bei vergleichbarer Qualität günstiger herzustellen ist, kann dies aber jedenfalls nicht heißen, dass wir die Fabriken in Deutschland schützen müssen. Das tun wir mit dem Automobilbau ja auch nicht, das brauchen wir auch nicht: Die Autohersteller sind einfach gut. Das ist das Geheimnis. Wo die Politik in der Pflicht ist und aufpassen muss, sind die Energiekosten – die können eine Produktion in Deutschland unmöglich machen. Aber nur zu sagen: Ich schütze als Staat eine Industrie vor Konkurrenz, das hat nie funktioniert, das wird auch in Zukunft nicht funktionieren.

*Das heißt aber auch: Es bringt nichts, eine Branche künstlich hochziehen, im anmaßenden Glauben des Staates, er kenne künftige Bedürfnisse besser als der Markt.*

Wenn es um eine Dauersubventionierung geht, trifft das zu. Etwas anderes ist es, wenn die Politik dem Markt Anstöße geben kann – zum Beispiel bei der Elektromobilität. Da finde ich es richtig, wenn der Staat Anreize für die Markteinführung setzt, auch durch materielle Hilfen, um einer neuen Technologie zum Durchbruch zu verhelfen.

*Sie plädieren für staatliche finanzierte Kaufanreize?*

Zum Beispiel. Mit der Pkw-Abwrackprämie hat der Staat ein im guten Sinne keynesianisches Programm aufgelegt: Der Staat versetzt die Menschen in die Lage, das Auto zu kaufen, das sie eigentlich gerne haben würden, aber wegen der allgemeinen konjunkturellen Lage, auch wegen der Angst um den Arbeitsplatz, sich nicht sofort leisten würden. Das ist vernünftiges wirtschaftspolitisches Handeln.

*„Fracking" – eine neue Art der Gasförderung – macht die Energie in Amerika um 50 Prozent günstiger. Wie schlägt das auf die deutsche Industrie durch?*

Die Frage der Energiepreise ist von vitalem Interesse für Deutschland. Die Preise müssen wieder runter: aus sozialen Gründen, weil sie für den Normalverdiener nicht zu schultern sind, und aus wirtschaftlichen Gründen. Erste deutsche Firmen beginnen jetzt ihre Investitionsentscheidungen zu überdenken. Wenn zum Beispiel ein großer Chemiekonzern den Bau von drei Fabriken in den USA plant, tut er das nicht, weil ihm Deutschland gleichgültig wäre, sondern weil er im beinharten internationalen Wettbewerb mithalten muss. In der Konsequenz bedeutet das aber natürlich hierzulande den Verlust von Arbeitsplätzen. Hier muss die Politik gegenhalten. Von daher halte ich eine Erprobung von Fracking für vernünftig, wobei ich nicht glaube, dass Schiefergas in Westeuropa eine überragende Rolle einnehmen wird. Dazu sind wir zu dicht besiedelt. Auch ist das Umweltbewusstsein hier viel weiter fortgeschritten als zum Beispiel in Amerika. Deutschland hat es in den letzten Jahren versäumt, angemessen auf seine sichere Rohstoffversorgung zu achten. Zu lange hat man darauf gesetzt, dass das privatwirtschaftlich geregelt wird. Man hat noch nicht hinreichend verstanden, dass es eine Rohstoffpolitik des Staates geben muss. Gerade bei den wichtigen Rohstoffen brauchen wir Russland, aber auch Kasachstan.

*Ein wesentlicher Grund für das allseits bewunderte Comeback der deutschen Industrie war der zurückhaltende Anstieg der Löhne in den letzten Jahren – auch unter dem Druck des internationalen Wettbewerbs, des unendlichen Reservoirs an Arbeitskräften in China. Nun steigen die Gehälter dort massiv.*

In China beginnen die Löhne zu steigen, und zwar durchaus nachhaltig. Das ist ja auch vernünftig, da es die Binnennachfrage stärkt. Das führt aber dazu, dass Produktion aus China abwandert, erst nach Vietnam und dann nach Namibia und Bangladesch, wo die Arbeiter unter zum Teil grauenhaften Umständen zu leiden haben. Auf der anderen Seite sehen wir in Deutschland, wie erwähnt, den umgekehrten Prozess: Firmen schaffen hier wieder Arbeitsplätze und schlagen sich wacker auf der ganzen Welt, insbesondere im Mittelstand. Das ist eine bemerkenswerte Entwicklung.

*Ihre Helden sind die Mittelständer, die im Weltmarkt gestählten Unternehmer, denen trauen Sie im Zweifel mehr als dem Rat von Ökonomen und sonstigen Experten?*

Aufgabe der Politik ist es, die sogenannten Hidden Champions zu schützen. Diese mittelständischen Unternehmen, die in einer Nische, durch eine Spezialisierung, Weltmarktführer sind. Die machen Deutschlands Wirtschaftskraft aus. Schutz meint hier nicht Subventionen, Schutz meint: Ausbildung, Forschung, Technologie. Das sind unsere Stärken.

*Aller Pflege zum Trotz: Ihr Kreuz auf dem Wahlzettel machen die Mittelständler bei der CDU. Warum sieht die SPD in diesen Kreisen kein Land?*

Das hat mit Traditionen zu tun, mit gesellschaftlicher Einbindung, vielleicht auch mit Ängsten vor einer zu großen Umverteilung.

*Höhere Steuern sind der sicherste Weg, potenzielle Wähler zu vergraulen – nicht nur die Unternehmer.*

Über einen höheren Spitzensteuersatz kann man durchaus reden. Die Leute haben ja auch CDU gewählt, als der Satz während der Kanzlerschaft von Helmut Kohl bei 53 Prozent lag. Ich bin auch für eine vernünftige Erhöhung der Erbschaftssteuer, wobei klar sein muss, dass der Staat das Erbe erst ab einer großzügig bemessenen Schongrenze für Familie und Kinder belasten darf.

*Warum sagen Sie das? Weil der Staat immer Geld gebrauchen kann? Oder argumentieren Sie mit der Gerechtigkeit?*

Ich bin für gerechte Aufstiegschancen in einer offenen Gesellschaft. Ich bin dafür, dass man aufsteigen kann, unabhängig von Herkunft und sozialem Hintergrund. Das bedeutet: Das Einkommen, das in einer Generation verdient und geschaffen wird, soll auch da bleiben. Deshalb plädiere ich in diesen Fällen gegen eine Vermögensteuer. Wenn das Vermögen aber an die nächste Generation übergeben wird, dann kann und soll der Staat partizipieren.

*Damit alle identische Startchancen haben, sollen die Kinder nichts erben. Jeder soll von vorne anfangen.*

Nicht von vorne. Das wäre ja auch nicht der Fall, wenn Sie die Erbschaftssteuer erhöhen würden. Es bleiben ja immer noch viele Dinge, die Kinder privilegieren – das vererbte Haus, die Bildung, die sie genießen. Da sind wir wieder beim Mittelstand: Das Kapital, das solche Familien im Unternehmen belassen, muss der Staat natürlich privilegieren, das darf erst wieder im Erbschaftsfall besteuert werden, wenn es also aus dem Unternehmen rausgeht. Diesen Weg halte ich auch deswegen für richtig, weil sie die Dynamik in jeder Generation in Gang hält. Die nächste Generation, das ist mein Selbstverständnis, soll sich ihren Wohlstand aus eigener Kraft erarbeiten.

*Da klingen Sie wie Ferdinand Piëch, der sagt, nichts widere ihn mehr an als degenerierte Erben, die ihr Geld auf irgendwelchen Yachten durchbringen ...*

Den Satz kenne ich von ihm nicht, aber das würde zu ihm passen. Er gehört nicht zu denen, die sich auf ihrem – und in seinem Fall wirklich beträchtlichen – Vermögen ausgeruht haben. Piëch ist ein genialer Automann und macht offenbar immer noch einen erstklassigen Job. Ich bin heute noch stolz darauf, dass ich ihn geholt habe.

*Sie haben Ferdinand Piëch zu VW geholt?*

Das Land Niedersachsen war damals einziger Großaktionär, ich als Ministerpräsident gerade frisch im Amt, Anfang der 90er Jahre, und Mitglied im Präsidium des VW-Aufsichtsrates. Damals ging es darum: Wer wird VW-Chef? Piëch, damals noch Audi-Vorstandsvorsitzender, oder Daniel Goeudevert, schon im VW-Vorstand. Die IG Metall war für Goeudevert ...

*... und traditionell extrem mächtig im Konzern ...*

Trotzdem habe ich gesagt: Ich will mit beiden Kandidaten reden. Das habe ich gemacht, habe zudem auf einer Rundreise mit vielen anderen aus der Wirtschaft gesprochen. Für meine Partei war Goeudevert damals einer der großen Stars ...

*... der Franzose galt damals als „Querdenker", hat mehr über Ökologie als über Autos geredet.*

Einen guten Job hat auch er gemacht, er war durchaus qualifiziert. Aber Ferdinand Piëch war insgesamt überzeugender. Er hat keine großen Entwürfe an die Wand gemalt, sondern genau gesagt, wo damals die Probleme lagen – und die waren gewaltig, das wusste er – und wie er sie konkret angehen wollte.

*Der VW-Konzern hatte Zehntausende Arbeiter zu viel an Bord.*

Wie sich später herausstellte, war das nicht das Hauptproblem. Das waren die Kosten insgesamt. Piëch hatte ganz präzise Vorstellungen, wie er das lösen wollte. Daher habe ich mich als Vertreter des größten Anteilseigners für ihn entschieden und habe das den Gewerkschaften mitgeteilt. Das waren harte Gespräche mit der IG Metall. Mancher hat das ziemlich persönlich genommen. Spätfolgen kann ich nicht ausschließen.

*Hat es Ihnen Ferdinand Piëch wenigstens später gedankt, dass Sie ihm ins Amt geholfen haben?*

Es gab für das Land Niedersachsen nie einen Anlass, diese Personalentscheidung zu bereuen. Im Gegenteil. Aber Dank ist da nicht notwendig, und ich habe ihn auch nicht erwartet.

*Würden Sie so weit gehen, zu sagen: VW ist der Beleg, dass der Staatskapitalismus doch funktioniert?*

VW ist tatsächlich das beste Beispiel dafür, dass ein Land als Eigentümer einen Konzern so mitgestalten kann, dass er es an die Weltspitze schafft. Was spricht denn dagegen? Bedingung hierfür ist, dass die Politik sich nicht ins operative Geschäft einmischt. Ein Ministerpräsident kann einem Autobauer nicht sagen, an welchem Standort er welches Modell fertigen soll. Das haben wir als Hauptaktionär auch nie gemacht. Und so ist VW unter der Ägide Niedersachsens zu einem der weltbesten Autohersteller geworden.

*Aber das Imperium VW hängt sehr an diesem Genie Piëch. Was passiert, wenn der bisherige Alleinherrscher irgendwann abtritt?*

So ein Weltunternehmen können Sie nicht als Einzelner führen. Dazu bedarf es des Zusammenspiels vieler: der Anteilseigner, eines guten Managements, motivierter und hochqualifizierter Beschäftigter, der Gewerkschaft.

*Die Betriebsräte hat Ferdinand Piëch immer geschickt für seine Zwecke eingespannt.*

Ich kann ihn bis heute gut verstehen, dass er nichts gegen die Arbeitnehmer durchsetzen wollte. Denn eines ist klar: Wenn es bei VW eine Gruppe gibt, der das Wohl des Unternehmens über alles geht, dann sind es die Gewerkschaften und die Betriebsräte.

*Geht's denen wirklich um das Wohl des gesamten Konzerns oder um die deutschen Standorte?*

Denen geht es ums Unternehmen. Die Betriebsräte haben immer gewusst, dass die deutschen Arbeitsplätze auch von der Präsenz des Unternehmens zum Beispiel in China abhängen. Die haben nie interveniert, wenn in China investiert worden ist. Und sie haben ja recht behalten. Unsere Erfahrung in Deutschland mit der Mitbestimmung ist durchweg positiv. Die Betriebsräte schauen genau, wie die Arbeitsbedingungen in Ländern, in denen produziert wird, sind. Ich weiß, wie abschätzig die Angelsachsen die deutsche Mitbestimmung diskutieren – aus meiner Sicht hat sie sich als Segen erwiesen.

## KAPITEL 10

# Führung und die Freude am Regieren

*Herr Schröder, Sie haben Politik wie Sport betrieben: Höher, schneller, weiter. Schon sehr früh mit dem Ziel: Kanzleramt.*

Ich war davon überzeugt, dass ich das wohl könnte. Denn das ist ja die Voraussetzung dafür, dass man es schafft. Und ich war sicher auch machtbewusst und ehrgeizig genug, um das zu wollen.

*Obendrein haben Sie diesen Machthunger jedem gezeigt.*

Wenn Sie ins Kanzleramt reinwollen, müssen Sie schon sagen: Ich will das. Ich will das unbedingt. Und ich weiß auch, dass ich der Richtige bin, ich werde wirklich kämpfen, um jede einzelne Stimme, wenn es nötig ist. Wenn Sie mit einer Haltung in den Wahlkampf reingehen, die Selbstzweifel erkennen lässt, dann müssen Sie sich nicht wundern, wenn die Leute sagen; Na ja, wenn er sich selbst nicht einmal sicher ist ... Mit dieser Haltung geht es immer schief. Denn die Menschen wollen spüren und sehen: Der oder die traut sich das zu.

*Was ist noch nötig, außer Machtwillen und Selbstbewusstsein, um eine Wahl zu gewinnen?*

Wer einen Wahlkampf erfolgreich führen will, braucht zwei ganz wichtige Anker: Das Verhältnis zur Partei muss nicht wunderbar sein, aber erträglich für beide Seiten – für den Spitzenkandidaten wie für die Partei. Und als Zweites brauchen Sie ein stabiles familiäres Zuhause und einen guten Freundeskreis, der nicht notwendigerweise aus der Politik kommen muss. Es ist sogar besser, wenn er nicht daher kommt. In jedem Fall ist es wichtig, in einem vertrauten Kreis offen reden zu können, ohne Gefahr zu laufen, dass es öffentlich wird.

*Wie viele echte Freunde braucht ein Mensch, und wie viel Zeit hat ein Spitzenpolitiker, diese Freunde zu pflegen?*

Das hängt ja beides zusammen. Also, im Grunde braucht ein Mensch nur einen Freund. Lesen Sie Schillers *Bürgschaft*. Der Tyrannenmörder hatte nur einen Freund, aber der hätte sich für ihn ans Kreuz schlagen lassen. Ich hatte mehrere. Am besten sind das Leute, die nichts direkt von Ihnen wollen, in meinem Fall insbesondere Freunde aus dem Kunstbereich. Denen kann man als Kanzler nicht helfen. Der Kern Ihrer Frage führt zum eigentlichen Problem ...

*... der fehlenden Zeit?*

Ja, als Kanzler fehlt Ihnen die Zeit für Freunde. Freundschaften müssen ja auch gepflegt werden, man muss füreinander Zeit haben. Und die haben Sie in diesem Amt einfach nicht. Das bisschen Zeit, das bleibt, gehört der Familie, und die kommt ohnehin schon immer zu kurz. Es ist ein wirklich schwieriges Amt. Sie sind permanent angespann. Diese Anspannung lässt Sie nie los, nicht einmal in den Ferien. Wenn ein Bundeskanzler oder eine Bundeskanzlerin Urlaub macht, dann baut der Bundesnachrichtendienst neben Ihrem Zimmer seine ganze Apparatur auf, damit Sie jederzeit – auch verschlüsselt – erreichbar sind. Das heißt: Immer sind Leute um Sie herum.

*Die Sicherheitsleute treten Ihnen auf die Füße, rauben jede Privatheit?*

Daran gewöhnt man sich. Diese Aufhebung von Privatheit durch die Bewachung hat für mich keine Rolle gespielt. Schlimm ist diese aus der Verantwortung des Amtes resultierende Anspannung, die geht nie wirklich weg. Dazu kommt, dass Sie als deutscher Kanzler auf der ganzen Welt einigermaßen bekannt sind. Egal, wo Sie sind, Sie werden erkannt. Bei mir hat das nach der Irak-Entscheidung extreme Züge angenommen. Selbst in China kann ich bis heute nicht mehr durch die Straßen laufen, ohne dass der eine oder andere mich anspricht.

*Wie viele Arbeitsjahre, etwa als Anwalt, entsprechen einem Kanzlerjahr, bezogen auf zeitlichen Aufwand und Verschleiß?*

Das lässt sich nicht miteinander vergleichen. Unter 16 Stunden am Tag ist das in dieser Sphäre der Politik nicht zu machen, einschließlich nur relativer Freiheit am Wochenende. Mindestens so gravierend wie die zeitliche Beanspruchung ist aber die psychische. Sie arbeiten unter einem ungeheuren Druck, der durch Themen erzeugt wird, die

Sie nicht immer kalkulieren können – wie internationale Krisen, Konflikte oder auch Kriege –, aber auch durch den Druck der Öffentlichkeit. Alles, was Sie tun, ist öffentlich. Auch das private Leben ist vollständig öffentlich. Dagegen können Sie sich nicht wehren; als „Person der Zeitgeschichte", wie das unter Juristen heißt, sind Sie nie privat. Die Jahre in der Politik sind daher sehr viel intensiver als in anderen anspruchsvollen Berufen. Ich glaube sogar noch intensiver, als wenn Sie ein Großunternehmen führen. Auch das verlangt ja ein hohes Maß an Arbeitsintensität, aber es vollzieht sich weniger öffentlich. Außerdem ist die Vielfalt an Themen in der Politik wahrscheinlich am größten. Sie müssen nicht jedes Detail wissen, das können Sie auch gar nicht, aber Sie müssen eine Vorstellung davon haben, wie Sie mit einem Problem umgehen. Dies alles führt dazu, dass begabte Leute sagen: Warum soll ich mir das eigentlich antun?

*In der Wirtschaft ist ein Vielfaches zu verdienen.*

Es ist ja nicht so, dass politische Ämter schlecht bezahlt wären. Zudem ist es eine freiwillige Entscheidung, im Wissen, dass diese herausragende Tätigkeit geringer bezahlt wird als vergleichbare Positionen in der Wirtschaft oder in den freien Berufen, wenn man erfolgreich ist. Es wird ja niemand gezwungen, sich um politische Ämter zu bewerben. Wenn man das tut, dann aus Interesse, vielleicht auch aus Eitelkeit, in jedem Fall aus der Begeisterung, mehr als in anderen Bereichen gestaltend tätig zu sein. Das wiegt eine Menge auf.

*Hatten Sie zu Ihrer frühen Zeit als Politiker je Angebote, in den Vorstand eines Konzerns zu wechseln?*

Nein, das hatte ich nicht, ich habe mich auch nie bemüht, denn ich hatte ja ein Ziel vor Augen ...

*... das Kanzleramt ...*

... und das schloss aus, vorher zu wechseln.

*Dabei hätte eine Karriere im Top-Management durchaus Vorzüge, nicht nur im Finanziellen. Ein Konzernchef kann es sich erlauben zu sagen: Keine Abendtermine, und am Wochenende bleibt der Blackberry aus, so lange keine Fabrik in die Luft fliegt. Diese Freiheit hatten Sie als Kanzler nicht?*

Eigentlich nicht. Es mag Phasen geben, in denen Sie sagen können: Heute Abend möchte ich nicht behelligt werden. Sie können auch mal einen freien Sonntag herausholen. Ganz so ist es dann doch wieder nicht, dass man wie so ein Hamster im Laufrad wäre. Aber man muss als Bundeskanzler eben immer erreichbar sein.

*Wer hat die Hoheit über die Termine eines Kanzlers? Wie selbstbestimmt ist der Mensch als Staatsmann?*

Die Termine sind stark außengesteuert, dem können Sie sich nicht entziehen. Einem ausländischen Gast, der zum Staatsbesuch erscheint, können Sie ja schlecht sagen: Tut mir leid, ich würde jetzt lieber ein Eis essen gehen als mit Ihnen das

Mittagessen einzunehmen. Die Europäischen Räte müssen sie selbst besuchen, und das sind ziemlich zähe Veranstaltungen. Bei bilateralen Treffen können Sie sich in der Regel nicht vertreten lassen, weil Ihr Gast oder Gastgeber das falsch verstehen könnte. Dazu kommen die Termine im Inneren. In einem föderalen Staat wie Deutschland, wo jede größere Kommunalwahl zur Testwahl für die Bundesregierung deklariert wird, müssen Sie auf allen Ebenen präsent sein. Ich finde das deutlich übertrieben. Vielleicht kann man sich irgendwann auf zwei, drei Termine einigen, an denen Landtags- und Kommunalwahlen zusammengelegt werden. Sonst haben Sie ein hohes Maß an Wahlkampfarbeit zu absolvieren, das ziemlich anstrengend ist.

*Lange schon wird gesagt: Die Zeit für Wahlkampf vor Ort, auf der Straße, ist vorbei – über andere Kanäle sind viel mehr Menschen zu erreichen. Trotzdem röhren Politiker auf Marktplätzen.*

Jeder Wahlkampf lebt von öffentlichen Veranstaltungen, diese Zeiten sind überhaupt nicht vorbei. Gerade die letzten Wahlkämpfe, bei denen ich dabei gewesen bin, haben von Kundgebungen gelebt. Zehntausende Menschen waren da unterwegs. Natürlich erreicht man mit einer Fernsehdiskussion mehr Leute, aber diese Veranstaltungen erfüllen noch eine andere Funktion.

*Welche denn? Die Mobilisierung der Funktionäre?*

Das auch. Vor allem aber euphorisieren gut laufende Veranstaltungen Sie selbst, das ist der entscheidende Punkt vor Wahlen. Wenn da Tausende Menschen auf dem Marktplatz sichtlich von Ihrem Auftritt angetan sind, dann denken Sie danach: Das hat sich gelohnt, sieht gut aus. Das relativiert jede noch so schlechte Umfrage. Ich würde diese Massenveranstaltungen nicht missen wollen, die sind ein Erlebnis. Schlecht ist es nur, wenn man in einen halbleeren Saal kommt. Dann passiert das Gegenteil. Aber das ist mir nie passiert. Ich hatte immer volle Säle.

*Glauben Sie, die nächste Polit-Generation lässt sich davon auch noch euphorisieren? So wie neben Ihnen auch Joschka Fischer, dem selbsternannten letzten Live-Rock-'n'-Roller? Oder twittert der Parteinachwuchs lieber?*

Möglicherweise ist da ein Unterschied, deswegen werden diese sozialen Medien ja auch benutzt. Ich glaube aber nicht, dass sich ein Wahlkampf auf diese Medien reduzieren lässt. Warum soll ein Wähler, der bei Twitter und Facebook ist, nicht live zu einer Großveranstaltung gehen?

*Sie hatten vorhin den Druck erwähnt, die permanente Anspannung. Wie gleicht man dies aus? Durch Sport?*

Ich habe gelegentlich Tennis gespielt. Auf einem internationalen Gipfel in Kanada habe ich zum Beispiel gegen Tony Blair gespielt. Er reiste mit einer eigenen Trainerin an, hatte aber trotzdem keine Chance. Das war morgens um sieben und unter Ausschluss der Öffentlichkeit. Gegen den Druck hilft Sport wenig. Das wichtigste Mittel ist Verdrängung.

*Wie funktioniert das? Einfach Augen zu und durch?*

Der Druck, der auf Ihnen als Politiker lastet, kommt aus der negativen Berichterstattung, mit der man rechnen muss, mal mehr, mal weniger – meist mehr, wenn man Sozialdemokrat ist. Das geht nur mit Verdrängung, indem man sagt: Das nehme ich jetzt zur Kenntnis, aber morgen kommt eine neue Zeitung. Wenn man alles an sich heranlässt, dann kann man dieses Amt nicht aushalten.

*Das heißt: Es braucht ein gewisses Maß an Arroganz gegenüber der öffentlichen Meinung …*

… „Arroganz" ist vielleicht das falsche Wort. „Überlegenheit" trifft es besser. Einfach zu sagen: Ich weiß es besser. So, basta.

*Selbstzweifel sind jedenfalls schlecht?*

Selbstzweifel sind nicht grundsätzlich schlecht. Im kleineren Kreis von sehr guten und sehr verschwiegenen Mitarbeitern kann man schon fragen, was an der Kritik ernst zu nehmen ist. Wenn sich dann herausstellt: Da ist was zu korrigieren, dann ist das in Ordnung. Erst mal aber müssen Sie innerlich überzeugt sein, dass Sie richtig liegen, sonst können Sie Entscheidungen nicht öffentlich vertreten – das bemerkt das Publikum, gerade im Fernsehen.

*Bringt der geübte Polit-Schauspieler nicht jede Haltung perfekt rüber?*

Solche Politik-Schauspieler gibt es nicht, es sei denn, Politiker sagen gar nichts. Wer von seiner Meinung nicht selbst überzeugt ist, dem würde ich immer raten: Geh überall hin, bloß nicht ins Fernsehen. In dem Moment, wo Sie zögern, wo Sie längere Sätze machen als nötig, hören die Menschen: Der oder die glaubt selbst nicht daran.

*Warum hört man so selten davon, dass Politiker zusammenbrechen unter dem öffentlichen Druck? Kommt das doch seltener vor, oder wird einfach nicht darüber geredet?*

Ein Beispiel dafür gibt es ja: Matthias Platzeck, der nach kurzer Zeit als SPD-Parteivorsitzender und später als Ministerpräsident in Brandenburg zurückgetreten ist, weil er gespürt hat: Das macht mich krank. Man muss es ihm hoch anrechnen, dass und wie er das preisgegeben hat. Es gibt viele solcher Beispiele einer Überforderung; vielleicht wird zu wenig darüber geredet. Das sollte man mehr thematisieren, das ist wahr.

*Für gewöhnlich hetzt der Politiker von einem Termin zum nächsten, wann ist dann Zeit für Reflexion? Wie kommt das Wissen in die Politik?*

Das mit der Reflexion läuft ja unterschiedlich von Mensch zu Mensch. Für mich waren Gespräche immer wichtig. Natürlich habe ich auch Akten gelesen, klar. Meine Mitarbeiter habe ich gebeten, ein Problem auf einer Seite aufzuschreiben. Wenn ihr mehr braucht, habe ich gesagt, dann fürchte ich, dass ihr es selbst nicht verstanden habt. Dieses Gespräch im inneren Kreis ist sehr wichtig, weil es nicht öffentlich wird und man auf jede Vorsicht verzichten kann. Wenn Sie im engsten Kreis befürchten müssen, da gibt es ein Leck, dann wird es eng, dann müssen Sie schnell etwas ändern, sonst können Sie nicht offen reden, also so, dass auch Widerspruch möglich ist.

*Sie betonen diesen inneren Zirkel der Macht, auf den Sie Ihre Entscheidungen gestützt haben. Spielen Stimmen von außen – Experten, Wissenschaftler – keine Rolle?*

Doch, natürlich. Ich bin häufig zusammengetroffen mit Leuten aus der Wirtschaft, aus der Wissenschaft. Der Vorsitzende der sogenannten Wirtschaftsweisen Professor Bert Rürup war zum Beispiel so jemand. Wichtig war mir auch der Kreis der Dichterfürsten und Philosophen im Kanzleramt: Günter Grass war da, Martin Walser, viele andere. Bevor wir in Afghanistan intervenierten, habe ich auch mit Helmut Schmidt geredet, mit Richard von Weizsäcker, mit Hans-Dietrich Genscher, mit Helmut Kohl.

*Sie haben den Namen Günter Grass erwähnt. Aus dessen jüngst veröffentlichtem Briefwechsel mit Willy Brandt geht hervor, wie sehr er sich an den rangeschmissen hat. Ist Ihnen das als Kanzler auch passiert, dass hochmögende Persönlichkeiten Ihnen hinterherlaufen wie kleine Jungs dem Fußballstar?*

Natürlich schafft Prominenz den Reiz, jemanden persönlich kennenzulernen. Im Fall der politischen Prominenz kommt der Aspekt der Macht dazu. Damit muss man umgehen, möglichst freundlich – und wenn es nicht anders geht, eben auch mal unfreundlich. Günter Grass, um es konkret zu sagen, war und ist mir wichtig – im Übrigen nicht erst seit er Nobelpreisträger ist. Wir kennen uns seit den frühen siebziger Jahren. Für mich ist und bleibt er einer der großen deutschen Schriftsteller, was immer er auch an missverständlichen Gedichten schreibt. Im Übrigen verbindet uns nicht eine so intensive Beziehung, wie er sie mit Willy Brandt hatte, aber schon so etwas wie eine distanzierte Freundschaft. Distanz einfach durch die räumliche Distanz.

*Der Gelehrte, der Ihnen wohl auf ewig gram bleibt, ist Paul Kirchhof, der „Professor aus Heidelberg": Spricht aus dem Schmäh-Schlager damals im Wahlkampf eine generelle Aversion gegen den akademischen Betrieb oder pure Taktik?*

Das war natürlich dem Wahlkampf geschuldet. Ich habe Herrn Professor Kirchhof später in einem Gremium näher kennengelernt. Er ist ein außerordentlich belesener und auch interessanter Mann. Er hat damals nicht bedacht, wahrscheinlich auch gar nicht gewusst, dass man in einem Wahlkampf den designierten Finanzminister der Gegenkandidatin natürlich anders anfasst als einen Wissenschaftler und ehemaligen Verfassungsrichter. Ich hatte ihn nicht aufgefordert, in die Politik zu gehen und sich das anzutun. Das war die Herausforderin, und dass Herr Kirchhof ihrer Einladung gefolgt ist, zeugt ja auch von einem gewissen Maß von Eitelkeit. Das ist völlig in Ordnung, nur hätte er dann auch die Konsequenzen akzeptieren müssen.

*War der „Professor aus Heidelberg" eine spontane Idee*
*oder das Werk von Strategen, die nach Schwachstellen*
*beim Gegner suchen?*

Das war spontan, vor dem Parteitag des Wahlkampf-Auf-
takts. Da hatte Kirchhof sich über sein Steuermodell verbreitet und geschrieben, eine deutsche Sekretärin habe 1,3
Kinder und sei zu „einem gewissen Prozentsatz" verhei-
ratet. Statistisch richtig, nur kalt und weltfremd. Eine herr-
liche Vorlage. Der Parteitag hat getobt, ein Hit im Wahlkampf.

*Wie würden Sie Ihren Regierungsstil im Nachhinein*
*bezeichnen: Teamwork ist, wenn alle das machen, was*
*Schröder will, wurde von angeblichen Insidern in Berlin*
*behauptet.*

Das stimmt nicht. Dass ein Bundeskanzler auch in seinem
Amt die Richtung vorgeben muss, steht natürlich außer
Frage. Sonst kann es drunter und drüber gehen. Ich hatte
zudem das große Glück, dass mir mit Frank-Walter Stein-
meier ein ungewöhnlich fähiger und loyaler Amtschef den
Großteil dieser Arbeit abgenommen hat. Wer aber als
Kanzler seine Autorität durch die schlechte Behandlung
von Mitarbeitern unter Beweis stellen muss, der hat keine.
Das war nie mein Verständnis von Führungsstil. Hinzu
kommt: Ich lerne sehr viel stärker durch Diskussionen als
durch Papier. Das hat auch mit meinem Beruf als Jurist zu
tun. Wenn mir im Kanzleramt Juristen sagten, das geht
verfassungsrechtlich nicht, habe ich geantwortet: „Leute,
Ihr sollt mir nicht sagen, was nicht geht, sondern Ihr sollt

mir sagen, wie es geht." Wenn man eine juristische Ausbildung hat, weiß man, dass es mindestens zwei Sichtweisen auf ein Problem gibt. Wenn in der Politik und im Geschäftsleben die Rechtsabteilungen zu sehr das Sagen haben, dann erstickt das die Risikobereitschaft.

*Auf Juristen liegt kein Segen fürs Land?*

Die Juristen braucht man. Aber sie dürfen nicht zu Bedenkenträgern werden und dann auch noch die Deutungshoheit beanspruchen. Die Juristerei ist ein gutes Handwerk, ein sehr nützliches Instrument, mit Sachverhalten umzugehen, sie zu analysieren und auf den Punkt zu bringen – nicht weniger, aber eben auch nicht mehr.

*Wurde es sehr laut im Kanzleramt, wenn einer der Bedenkenträger seine Thesen vorgetragen hat?*

Selten. In einer Diskussion nutzt das ja nichts. Da müssen Sie auch als Bundeskanzler die besseren Argumente haben.

*Herr Schröder, wie nutzen Sie heute die Medien, wie hält sich ein Bundeskanzler a. D. auf dem Laufenden?*

Ich lese, was ich in die Hand bekomme: politische Bücher, Zeitschriften, fünf, sechs Tageszeitungen. Was das Medienverhalten angeht, bin ich sehr konservativ.

*Dabei haben Sie in Ihrer Karriere stets mit den Medien gespielt, sich für Ihren filigranen Umgang damit den Titel „Medienkanzler" verdient.*

Das wird immer so gesagt, aber was heißt das, dieses etwas seltsame Wort vom Medienkanzler? Mein Stil war es, mit den Journalisten offen umzugehen und Vertrauen zu investieren, weil ich Respekt vor dem Beruf habe. Und ich bin da selten enttäuscht worden, ganz selten. Eine Medienstrategie oder einen Medienberater beziehungsweise einen Coach hatte ich übrigens nie. Habe ich auch nicht gebraucht. Ich habe auch nie angenommen oder erwartet, dass sich etwa mit Offenheit eine positive Berichterstattung kaufen lässt. Natürlich habe ich mich gelegentlich über einen schlechten Artikel oder eine unfaire Berichterstattung geärgert. Aber das muss man ertragen und verdrängen können. Politik ist Kommunikation. Wenn man daran keine Freude hat, sollte man die Finger davon lassen – von der Politik und von der Kommunikation. Das ist im Grunde das ganze Geheimnis.

*Diese Freude an der Kommunikation hatten Sie.*

Die habe ich immer noch. Natürlich muss man sich Inhalte erarbeiten und Entscheidungen treffen können. Aber letztlich müssen Sie Freude an der Kommunikation haben, sowohl mit den Medien als auch mit dem Publikum.

*Wobei Ihre Auswahl strikt war: „Bild, BamS und Glotze reichen zum Regieren", haben Sie mal gesagt.*

Schon am Tag danach war mir klar, dass das vielen sauer aufstoßen würde, die nicht dazugehören. Aber sollte ich mich dafür entschuldigen? Zurückzuholen war der lockere Spruch ja sowieso nicht. Einmal unbedacht gesagt, war und blieb er in der Welt. Natürlich braucht man die fundierte Berichterstattung. Wahr ist aber auch: Ohne den Boulevard, ohne die Themen des Boulevards ist es für einen Politiker heute schwierig, seine Botschaften an die Frau und an den Mann zu bringen. Und das Fernsehen brauchen Sie sowieso.

*Helmut Schmidt hat gesagt: Die Talkshows im Fernsehen zerstören die Demokratie.*

Dafür, dass Helmut Schmidt der schärfste Kritiker der Talkshows ist, ist er dort erstaunlich oft zu Gast.

*Aber nur, wenn er alleine auf die Bühne darf.*

Das finde ich in Ordnung, anders würde ich es jetzt auch nicht mehr machen: Ich streite mich doch nicht mit anderen Leuten herum.

*Schmidt ist nicht der Einzige, der gegen die Talk-Shows zu Felde zieht. Norbert Lammert hat als Bundestagspräsident immer kritisiert, das Fernsehen zelebriere damit Alibi-Politik oder Ersatz für Politik, statt die Parlamentsdebatten live zu übertragen.*

Diese Kritik verstehe ich nicht. Die Menschen haben heute ein anderes Kommunikationsverhalten. Die Zeit, als ARD und ZDF konkurrenzlos stundenlang nur Parlamentsdebatten gesendet haben, ist unwiderruflich vorbei.

*Gäbe es heute überhaupt feurige Redner im Bundestag, die Primetime-tauglich sind?*

Sigmar Gabriel zum Beispiel ist wirklich ein glänzender Redner, auch andere haben durchaus Unterhaltungswert.

*Sie haben im Ernstfall – der Flut in Ostdeutschland – Ihr mediales Meisterstück abgeliefert: Das Hochwasser verhalf Ihnen 2002 mit zum Wahlsieg, neben dem Nein zum Irak-Krieg.*

Die Bewältigung der Folgen der Flutkatastrophe war für den Wahlerfolg in der Tat ziemlich wichtig, womöglich wahlentscheidend. Hier konnte die Regierung beweisen, dass sie handelt. Wir hatten Handlungskompetenz ...

*... die dann darin bestand, ein Paar Gummistiefel überzuziehen und auf den Deich zu steigen?*

Das waren die Bilder. Aber natürlich gab es auch die Taten. Entscheidend war, dass ich als Bundeskanzler sofort ins Katastrophengebiet fuhr, um mir ein Bild von der Lage zu machen. Dass Edmund Stoiber, der Herausforderer bei der Bundestagswahl, unterdessen seine Wahlkampftour fortsetzte und sich erst spät vor Ort zeigte, hat mir natürlich genutzt. Aber das war seine Entscheidung. Mein Entschluss, sofort in das Katastrophengebiet zu reisen, erste Maßnahmen zu ergreifen und zum Beispiel die Bundeswehr einzusetzen, war für die Betroffenen ein wichtiges Signal: Der tut etwas, der lässt uns nicht im Stich.

*Wie sahen die Taten aus?*

Wir haben zwei wichtige Entscheidungen getroffen. Zunächst haben wir eine Kommission eingesetzt. Sie sollte die Verteilung der Gelder für den Wiederaufbau der zerstörten Städte und Dörfer organisieren. Für die Leitung habe ich Altbundespräsident Richard von Weizsäcker gewinnen können. Auch Kurt Biedenkopf, ein vielfach bewährter Politiker der Unionsparteien und exzellenter Kenner der neuen Bundesländer, war dabei. Zweitens mussten wir die notwendigen und zugesagten Mittel mobilisieren. Das war eine riesige Herausforderung, denn es ging um 7,5 Milliarden Euro. Finanzieren konnten wir das nur, indem wir unter anderem die zweite Stufe unserer Steuerreform auf das Jahr 2004 verschoben haben. Das war übrigens ein Fall für die politische Kommunikation. Die Menschen haben verstanden und akzeptiert, dass die Katastrophe nur mit einer gemeinsamen Kraftanstrengung zu stemmen war. Sie haben die Maßnahmen akzeptiert – und sie haben gespendet. Einen solchen Akt der Solidarität hat es nie wieder gegeben.

*Damals wurden Parallelen gezogen zu Helmut Schmidt, der einst während der Sturmflut in Hamburg seinen Ruf als Macher begründet hat.*

Der Vergleich ist insofern richtig, als Schmidt, damals als Innensenator, in der Katastrophe Handlungsfähigkeit bewiesen hat. Es gibt im Urteil über Politiker immer einen Punkt, wo die Menschen sagen: Ich bin nicht mit allem einverstanden, was der so macht. Aber in dieser Situation hat er bewiesen: Er tut etwas, auf den ist Verlass, wenn es eng wird.

*Wie viel Medienarbeit braucht es generell für die Polit-karriere?*

Am Anfang ist der Einsatz sehr hoch. Denn Sie wollen und müssen ja einem breiten Publikum bekannt werden. Vor allem in dieser Phase müssen Sie in den Medien ständig präsent sein. In den 70er und 80er Jahren funktionierte das nur, wenn Sie zu Beginn Ihrer Karriere auch Persönliches preisgaben. Das sind die sogenannten Home Stories. Hat man es dann geschafft, muss man sich die Privatheit wieder erkämpfen. Schon aus Selbstschutz. Sonst reißen Ihnen die Medien den Arm aus, wenn Sie ihnen die Hand reichen.

*„Wer mit uns im Paternoster hochfährt, fährt auch wieder mit uns runter", hat Springer-Chef Döpfner, der Herr über die „Bild"-Zeitung, mal gesagt.*

Das stimmt, und es ist das eigentliche Problem. Deshalb würde ich jeder und jedem, die oder der am Anfang einer politischen Karriere steht, raten, mit der Preisgabe von Persönlichem sehr vorsichtig umzugehen. Denn was einmal draußen ist, bekommen Sie nie wieder eingefangen. Es verselbstständigt sich und führt ein eigenes Leben. Außerdem kennen einige Vertreter der Medien keine Grenzen und machen selbst vor den Kindern keinen Halt. Dann muss man sich entschieden wehren. In solchen Fällen kennen meine Frau und ich kein Pardon. Da wird sofort geklagt. Manchmal muss man auch zum Rechtsmittel greifen, um zu verhindern, dass eine offenkundig falsche Geschichte, die über Sie verbreitet wird, ein Eigenleben führt. So war das mit dem angeblichen Färben meiner Haare.

*Sie haben per Gerichtsbeschluss verbieten lassen, zu behaupten, dass Sie die Haare färben.*

Meine Mitarbeiter haben damals gesagt: Das muss man sich totlaufen lassen. Aber plötzlich wird so eine Petitesse dann als Charaktereigenschaft ausgelegt. Deshalb musste ich mich wehren. Im Parlament stand damals ein Abgeordneter auf und sagte: Wer sich die Haare färbt, der fälscht auch Bilanzen. Und dann hat eine Journalistin in einem Vergleich zwischen Stoiber und mir geschrieben: Stoiber bekennt sich zu seinen grauen Haaren, und dieser Schröder färbt sich die Haare, damit er jugendlicher aussieht. Nichts stimmte von dem. Ich habe wirklich nie die Haare gefärbt, ich wäre gar nicht auf die Idee gekommen, warum sollte ich? Gegen diese Geschichte gibt es einen Beschluss des Bundesverfassungsgerichts. Mein Verhältnis zu den Medien war so gesehen ambivalent. Anfangs war ich manchmal zu vertrauensselig, später bin ich sehr viel vorsichtiger geworden.

*Als Kanzler haben Sie sich einst sogar aufs Sofa von „Wetten dass" gesetzt.*

Das habe ich gemacht, weil ich Thomas Gottschalk kannte. Nach wie vor halte ich es für nicht verkehrt, gelegentlich eine populäre Veranstaltung zu besuchen. Zu glauben, dass man gewählt wird, nur weil man bei einem Fußball-Länderspiel auf der Tribüne vom Fernsehen gezeigt wird, ist aber ein großer Irrtum.

*Angela Merkel hat „Schweini" und Kollegen in der Mannschaftskabine besucht. Sie glauben nicht, dass das hilft beim Wahlvolk?*

Deswegen bekommen Sie nicht mehr Stimmen.

KAPITEL 11

# Die Große Koalition und das Meisterstück Sigmar Gabriels

*Herr Schröder, „Groko" war 2013 das Wort des Jahres. Wie hat das einfache SPD-Parteimitglied Gerhard Schröder abgestimmt – für oder gegen eine Große Koalition?*

Ich habe dafür gestimmt, hatte mich ja schon vorher öffentlich festgelegt, als ich mich zusammen mit Helmut Schmidt und anderen in einer ganzseitigen Zeitungsanzeige zu Wort gemeldet habe.

*Am Anfang, so schien es, war der Widerstand gegen ein Bündnis mit der Union an der Basis erheblich.*

Da gab es in der Tat zunächst eine tiefe Abneigung, nicht nur auf dem linken Parteiflügel, sondern auch bei den Kommunalpolitikern, die ja eher pragmatisch an die Dinge herangehen. Diese Ablehnung hatte vor allem mit dem Gefühl der Niederlage bei der Bundestagswahl zu tun. Sigmar Gabriel hat diese Stimmung gedreht, indem er, angefangen mit einem Parteikonvent, einen klugen innerparteilichen Prozess organisiert hat, um sich zunächst einmal grünes Licht für die Verhandlungen über eine Große Koalition geben zu lassen. Während der Koalitionsverhandlungen wurde dann jedes einzelne Mitglied in einem sehr transparenten Verfahren auf dem Laufenden gehalten. Und dann hat Gabriel den Mut zum Risiko gehabt, indem er einen Mitgliederentscheid über den Koalitionsvertrag angesetzt hat.

*Er wäre weg gewesen, Karriere beendet, hätte der Koalitionsvertrag keine Mehrheit innerhalb der SPD gefunden.*

Das wusste er. Ich habe ihm in dieser Phase geraten, Parteivorsitzender zu bleiben, auch wenn der Entscheid verloren gehen sollte. Aber er hat geantwortet: „Nein, dann bleibt mir nichts anderes übrig." Dieses Risiko ist er bewusst eingegangen. Ich bin ziemlich sicher, dass die Mitglieder der SPD auch das honoriert haben. Ihnen war bei der Entscheidung bewusst, dass der Parteivorsitzende den Prozess der Koalitionsverhandlung richtig organisiert hat, weil das Wahlergebnis keine wirkliche Alternative zur Großen Koalition erkennen ließ. Und schließlich war da die Furcht, dass es nach einem Scheitern der Koalitionsverhandlungen zu Neuwahlen kommen könnte, die vielleicht eine absolute Mehrheit von CDU und CSU gebracht hätten. Dass sich dann fast 80 Prozent der Mitglieder beteiligt und mehr als 75 Prozent mit „Ja" gestimmt haben – das ist der Person Sigmar Gabriel und seinem Verhandlungsgeschick geschuldet. Das ist ein Erfolg des Parteivorsitzenden, der durch diesen innerparteilichen Prozess zudem seine Position bei den Koalitionsverhandlungen gestärkt hat.

*Die SPD hatte ein hohes Erpressungspotenzial.*

Das Mittel der Erpressung gehört nicht zum Repertoire der deutschen Sozialdemokratie. Richtig ist, dass Sigmar Gabriel den Vertretern der Unionsparteien in den Verhandlungen immer entgegenhalten konnte: „Wenn ihr die Koalition wollt, dann müsst ihr mir bei zentralen SPD-Forderungen entgegenkommen." Das war sein Meisterstück.

Dadurch hat er seine Stellung unanfechtbar gemacht. Er ist zu Recht völlig unumstritten. ...

*... und damit automatisch der nächste Kanzlerkandidat?*

Seine Pläne sollte er zu gegebener Zeit selbst verkünden; jetzt ist es für diese Frage zu früh, auch wenn Sigmar Gabriel in Zukunft unter diesem Aspekt beobachtet werden wird.

*Wie ist heute Ihr persönliches Verhältnis zu Sigmar Gabriel?*

Das war ja bekanntlich in der langen Zeit, in der wir uns schon kennen, ziemlich wechselhaft. Mal war es gekennzeichnet von großer Nähe, dann von Distanz. Mittlerweile haben wir eine stabile freundschaftliche Beziehung.

*Gabriel war ähnlich forsch und respektlos wie Sie in jüngeren Jahren – nicht immer zu Ihrem Vergnügen.*

Manche sind ihm gelegentlich mit Skepsis begegnet, was seine Führungsqualitäten angeht – zu bestimmten Zeiten gehörte ich zu diesen Zweiflern. Durch das, was er jetzt abgeliefert hat, sind diese Zweifel widerlegt.

*Ein Einwand gegen die Große Koalition bleibt aus Sicht der SPD: Die Partei festigt für immer ihre Rolle als Juniorpartner.*

Dieses Argument habe ich nie für stichhaltig gehalten. Wir müssen nur die Fehler vermeiden, die in der letzten Großen Koalition, also während der Jahre 2005 bis 2009, gemacht worden sind. Wir haben damals auf bestimmte Ministerien mit gesellschaftspolitischer Relevanz verzichtet zugunsten von vermeintlich harten Ressorts wie Finanzen. Frau von der Leyen hat dann gezeigt, wie das Familienministerium sehr intelligent zum eigenen politischen Vorteil zu nutzen ist: Sie hat die Quotendiskussion fortgesetzt und darüber hinaus zum Beispiel mit der Einführung des Elterngeldes Dinge exekutiert, die die frühere SPD-Familienministerin Renate Schmidt entworfen hatte. Dieses Feld der CDU zu überlassen, das war ein Fehler, für den ich mitverantwortlich gewesen bin, weil ich 2005 an den Koalitionsverhandlungen beteiligt war. Gabriel hat besser verhandelt als wir damals. Mit einer modernen Familienpolitik kann die SPD bis zu den nächsten Wahlen aufholen, denn die Frauen achten als Wählerinnen sehr darauf, was eine Partei bei Gleichberechtigung, Erwerbstätigkeit für Frauen und Kinderbetreuung zu bieten hat.

*Dann war es aus Ihrer Sicht richtig, das Finanzministerium auszuschlagen?*

Unbedingt. Wer mich um meinen Rat gefragt hat, dem habe ich hierfür drei Gründe genannt. Erstens: Wir müssen als SPD nicht die Rechnungen für Europa bezahlen, lasst das diejenigen tun, die mit ihrer Europapolitik dafür verantwortlich sind. Zweitens: Der Finanzminister muss auch die Wünsche der Ministerpräsidenten abarbeiten ...

*... die mehrheitlich die SPD stellt ...*

Stellen Sie sich das einmal vor: Der SPD-Finanzminister –
vermutlich hätte der SPD-Vorsitzende selbst das Amt übernehmen müssen – hätte die Forderungen der eigenen Ministerpräsidenten ablehnen müssen – das ist nicht so einfach. Mein drittes Argument war: Es wäre ein Fehler
gewesen, wenn die SPD auf der Ablösung von Wolfgang
Schäuble bestanden hätte. Schäuble hat gute Arbeit geleis-
tet. Er hat Herzblut in der europäischen Frage. Und er
wird in der Bevölkerung sehr geschätzt. Wenn er abgelöst
werden muss, dann sollte das Frau Merkel selbst tun –
aber nicht die SPD.

*Angela Merkel hat noch jeden Koalitionspartner
geschrumpft – wie soll die SPD diesem Schicksal ent-
gehen?*

Ich beteilige mich nicht an der Dämonisierung von Frau
Merkel. Das schwache Abschneiden der SPD bei der Bundestagswahl 2013 hatte andere Gründe.

*Wer trägt die Schuld an der SPD-Schlappe 2013? Der
Kandidat oder das Programm? Oder beide?*

Man macht es sich zu leicht, wenn man das schwache Ergebnis einzig und allein dem Kandidaten anlasten würde.
Aufarbeiten muss man eine andere Frage: Kann die SPD
mit dem Thema Steuererhöhungen in einem Wahlkampf
überhaupt erfolgreich sein?

*Sie glauben nicht, dass die Menschen damit zu locken
sind, wenn man ihnen droht, die Steuern zu erhöhen?*

Erfolgreiche Wahlkämpfe sehen anders aus, schauen Sie sich nur die Geschichte an. Die SPD hat nie mit einem Umverteilungswahlkampf gewonnen. Erfolgreich war sie nur mit den Kandidaturen von Willy Brandt, Helmut Schmidt und mir: In der Ära Brandt gaben die Öffnung der Partei zur gesellschaftlichen Mitte und die Ostpolitik den Ausschlag, in der Ära Schmidt der ökonomische Sachverstand. Das Motto, mit dem die SPD 1998 die Bundestagswahl gewonnen hat, lautete „Innovation und Gerechtigkeit". Das war eine Verbindung von sozialer und wirtschaftlicher Kompetenz. Wenn die SPD wieder erfolgreich sein will, dann muss sie wieder als politische Kraft wahrnehmbar werden, die sich für den Wirtschaftsstandort Deutschland und die Arbeitsplätze, vor allem in der Industrie, einsetzt. Modernisierung und wirtschaftliche Kompetenz werden eine herausragende Rolle spielen müssen. Und das wird Sigmar Gabriel als Wirtschafts- und Energieminister unter Beweis stellen müssen.

*Wenn er zu wirtschaftsfreundlich agiert, verbaut er sich die Chancen für ein linkes Bündnis.*

Nein. Wann funktionieren rot-grüne Bündnisse besonders gut? Meine Erfahrung in Niedersachsen und im Bund lehrt: Rot-Grün hat Erfolg, wenn klar ist, dass die SPD in Konkurrenz zur Wirtschaftskompetenz der CDU steht – wie zum Beispiel mit dem Konzept „Autokanzler". Damit wollte ich zeigen: Wir stehen für die Industriearbeitsplätze in Deutschland. Die wollen wir behalten. In so einem Bündnis darf die SPD nicht grüner sein als die Grünen, und schon gar nicht wirtschaftsfeindlicher als die Linke –

nur dann kann es gelingen. Ob es dazu kommt, wird die Zeit zeigen.

*Erst mal bleibt der SPD noch viel zu tun in Sachen Wirtschaftskompetenz: Nur 20 Prozent der Deutschen trauten ihr zum Start der Großen Koalition auf diesem Feld etwas zu.*

Ja, das muss erarbeitet werden. Das fällt nicht vom Himmel.

*Ein Bündnis mit der Linkspartei hat für Sie den Schrecken verloren?*

Einen Schrecken im strengen Sinn hatte das für mich schon länger nicht mehr, seit die rot-roten Bündnisse in den Ländern funktionieren.

*Also soll die SPD dies auch im Bund anstreben?*

Es war richtig, dass der SPD-Parteitag – parallel zur Etablierung der Großen Koalition – beschlossen hat: Wir lassen uns nicht mehr unter Druck setzen. Wir werden über ein Bündnis mit der Linkspartei nicht mehr unter dem aufgezwungenen Gesichtspunkt entscheiden: Darf man das? – sondern einzig nach dem Kriterium: Geht das inhaltlich? Das ist ein Unterschied.

*Und was ist Ihr Urteil? Geht es?*

Wenn die Inhalte stimmen: Ja. Die Linke muss ihre irrationalen Positionen, vor allem in der Außen- und Sicherheitspolitik und in der Europapolitik grundlegend korrigieren. So, wie sich diese Truppe aktuell darstellt, darf die SPD nicht das Risiko eingehen, mit ihr das Land zu regieren. 2017 mag das anders sein; man wird sehen, ob sich die Linkspartei inhaltlich häutet und ob die alte Garde abtritt.

*Erst mal muss sich die „Groko" beweisen: Führende Ökonomen warnen, dass CDU und SPD die Rückabwicklung der Agenda 2010 in Angriff nähmen. Was sagt der Erfinder dazu?*

So weit würde ich nicht gehen. Ich habe immer gesagt: Die Agenda 2010 ist nicht gleichzusetzen mit den Zehn Geboten, und ich bin nicht Moses. Die Reformen sind nicht in Stein gemeißelt, sondern müssen immer wieder an die aktuellen gesellschaftlichen und wirtschaftlichen Bedingungen angepasst werden. Das ist doch selbstverständlich.

*Trotzdem muss es Sie schmerzen, wenn der Arbeitsmarkt, der nach Ihrer Liberalisierung zu einer Rekordbeschäftigung im Land gefunden hat, jetzt wieder stranguliert wird.*

Ich hoffe nicht, dass es dazu kommt. Die Frage ist durch den Koalitionsvertrag auch noch nicht beantwortet. Es wird sehr darauf ankommen, wie die Maßnahmen im Einzelnen aussehen.

*Der flächendeckende Mindestlohn von 8,50 Euro ist sehr konkret.*

Zu Recht. Wir hätten schon gerne mit der Agenda 2010 einen Mindestlohn eingeführt. Das ist aber an zwei Akteuren gescheitert. Zum einen an der CDU, die das mit ihrer damaligen Mehrheit im Bundesrat nie akzeptiert hätte. Und zum anderen an den Gewerkschaften, die ihre Tarifhoheit bedroht sahen. Diese Positionen haben sich heute geändert, und auch in der deutschen Wirtschaft hat keiner mehr ernsthaft etwas dagegen. Den Mindestlohn halte ich daher nicht für unverträglich mit der Agenda 2010, solange es – wie im Koalitionsvertrag zum Beispiel für die Saisonarbeit angekündigt – Ausnahmen geben wird. Mehr Sorgen bereitet mir die Flickschusterei bei der Rente. Das wird negative Folgen haben.

*Sie halten die Rente mit 67 als Antwort auf die Alterung der Gesellschaft für eine reformerische Errungenschaft. Die Große Koalition marschiert nun in die entgegengesetzte Richtung: Wer 45 Jahre lang gearbeitet hat, darf mit 63 aufhören.*

Das halte ich für problematisch. Offiziell wird die Rente mit 67 Jahren nicht angetastet, trotzdem ist das ein absolut falsches Signal, gerade mit Blick auf unsere europäischen Partner, von denen wir ja zu Recht Strukturreformen einfordern. Ich verstehe, welchen gesellschaftlichen Gruppen man mit den Koalitionsbeschlüssen helfen will, das ändert aber nichts am zentralen Problem: Wie soll das finanziert werden? Und dann wundert es mich, dass sich die Frauen nicht zu Wort gemeldet haben, denn das Ergebnis ist eindeutig: Der männliche Facharbeiter, relativ gut verdienend, wird das nutzen können, Frauen eher weniger, weil die meistens gar nicht auf die 45 Beitragsjahre kommen.

*Die Schnippelei an der Rente, das erste Gesetz unter der neuen schwarz-roten Regierung, kostet die Bürger gleich mal sechs Milliarden Euro – so viel hätten die Bürger gespart, wären die Beiträge für die Rentenkasse zum 1. Januar 2014 wie geplant gesenkt worden.*

Die Kritik ist berechtigt, aber das wahre Problem ist ja noch schwerwiegender: Die Entscheidungen kosten nicht nur einmal Milliarden, die Ausgaben kommen jedes Jahr wieder. Das führt in einigen Jahren unweigerlich zu der Frage: Müssen wir deswegen die Rentenbeiträge erhöhen? Und dann stehen wir wieder vor Entscheidungen wie zu Zeiten der Agenda 2010. Dann wird es wieder neue, schmerzhafte Rentenreformen geben müssen, damit die Rentenbeiträge für die Arbeitnehmer und Arbeitgeber bezahlbar bleiben. Das ist so sicher wie das Amen in der Kirche.

## KAPITEL 12

# Hat man mit 70 Jahren noch Träume?

*Herr Schröder, mit 17 hat man noch Träume, und mit 70? Welchen Traum wollen Sie sich unbedingt noch erfüllen?*

Ich habe keinen. Abgesehen von den wichtigen privaten: dass die Familie gesund bleibt und die Kinder sich anständig entwickeln. Tja, wissen Sie: Ich bin eigentlich ein glücklicher Mensch, ich habe erreicht, was ich erreichen wollte.

*Sie waren drin im Kanzleramt.*

Das war es nicht allein. Ich hatte zwei Ziele: Ich wollte immer Rechtsanwalt werden und bin es geworden, das war mir ja nicht an der Wiege gesungen. Und ich wollte immer politisch arbeiten, mit möglichst vielen Gestaltungsmöglichkeiten, und auch das ist erreicht. Was soll ich jetzt sagen? Mein Traum ist es, 100 Jahre alt zu werden? Meine Mutter hätte es fast geschafft, sie ist mit 99 Jahren gestorben.

*Wie wichtig ist Ihnen heute Geld?*

Geld schafft Freiheit. Freiheit für Dinge, die man sich sonst nicht leisten kann. Geld schafft Freiheit, etwas von der Welt zu sehen. Geld schafft dafür Möglichkeiten, schafft aber auch Schwierigkeiten. Deshalb sind Maß und Mitte schon ganz gut.

*Nur: Wo beginnt das Zuviel?*

Das sollte jeder für sich selbst definieren. Man sollte jedenfalls ein paar Träume haben, die nicht erfüllbar sind.

*Sie haben gerne ausgewählte Kunst in Ihrer Umgebung; Bilder bedeuten Ihnen mehr als Musik. Welches Bild hat Sie am meisten berührt?*

Da kann ich kein einzelnes nennen. Was mich am meisten interessiert, ist die klassische Moderne. Ich besitze einige Graphiken, zum Beispiel habe ich eine Zeichnung von George Grosz, die ich sehr mag. Klassische Moderne, Expressionismus, Neue Sachlichkeit – das interessiert mich in besonderer Weise.

*Haben Sie sich selbst mal mit Pinsel und Leinwand versucht?*

Nein. Ich kann nicht malen, ich kann nicht mal zeichnen. Ich kann leider auch nicht tanzen, weil ich unfähig bin, Musik in Schritte umzusetzen. Und ich kann auch nicht singen, das klingt grauenhaft falsch. Vielleicht hängt das damit zusammen, dass in der Volksschule diejenigen, die gar nicht singen konnten, sich immer in die Ecke stellen mussten. Das war diskriminierend. Der Lehrer sagte immer: „Schröder, stell dich in die Ecke, du brummst." Das ist ein Manko meiner Herkunft. Bei uns zu Hause wurde nicht gesungen, gemalt und gelesen. So eine Erziehung habe ich einfach nicht bekommen. Die Beziehung zu Kunst und Kultur musste ich mir erst erarbeiten.

*In Ihrem Bekanntenkreis finden sich etliche Maler, und Sie haben auf der Trauerfeier von Jörg Immendorff gesprochen.*

Immendorff war einer der Ersten, die ich als Kanzler auf eine Auslandsreise mitgenommen habe, und zwar nach Georgien. Ich wollte im Ausland dokumentieren, dass Deutschland nicht nur durch Politiker und Manager vertreten wird, sondern auch durch Schriftsteller und Künstler. Das war im Frühjahr 2000. Damals hatten wir verabredet, dass er nach meiner Amtszeit mein Porträt für die Ahnengalerie des Kanzleramtes malen sollte. Ich habe ihn oft in seinem Atelier besucht. Dann wurde Immendorff sehr krank, hat es aber noch geschafft, ein sehr interessantes Porträt von mir zu malen. Auch Markus Lüpertz hat mich porträtiert. Ein Geschenk zu meinem 60. Geburtstag.

*Mit ihm spielen Sie nach wie vor Skat.*

Ja, Otto Schily, Markus Lüpertz, Jürgen Grossmann und ich, wir spielen zwei-, dreimal im Jahr.

*Was sagen Sie zu Feuilletonisten, die Sie noch heute als Verächter der Hochkultur schmähen?*

Mal abgesehen davon, dass ich zeitlebens mit Schmähungen umzugehen hatte, wird dieses Vorurteil auch durch ständiges Wiederholen nicht richtig. Ich bin jedenfalls auch in dieser Hinsicht mit mir im Reinen, wenn ich daran denke, dass sich etwa die Stelle eines Kulturstaatsministers im Kanzleramt oder auch die Einrichtung einer Kulturstiftung des Bundes mit meiner Kanzlerschaft verbinden. Dass sich das Kanzleramt weit über die Grenzen der Hauptstadt und des Landes hinaus einen Namen als Ausstellungsort zeitgenössischer Kunst gemacht hat, sage ich nicht ohne eine gewisse Genugtuung, und dass es mir gelungen ist, die Sammlung Berggruen – eine der bedeutendsten Sammlungen der Kunst klassischer Moderne – in Berlin zu halten, freut mich noch heute. Im Übrigen habe ich die zahlreichen Gespräche mit Schriftstellern und Verlegern, Malern und Musikern, Wissenschaftlern oder auch Journalisten nie an die große Glocke gehängt. Das war nie mein Stil.

*Bemängelt wird unter anderem, dass Sie als Kanzler nur einmal in Bayreuth bei den Richard-Wagner-Festspielen waren, und das auch nur, weil sie den japanischen Premier zum Gegenbesuch hatten.*

Das stimmt. Die Festspiele in Bayreuth gehören nicht gerade zu meiner Leidenschaft. Nicht wegen der harten Bänke, sondern weil ich bisher keinen Zugang zu Wagners Musik gefunden habe. Ist das Pflicht? Wer denkt, dass nur derjenige eine Beziehung zur Hochkultur hat, der nach Bayreuth auf den Hügel pilgert, der sollte einmal über sein Verständnis von Hochkultur nachdenken.

*Bedauern Sie heute, außer Dienst, Momente, in denen Sie nicht klar, nicht entschieden genug waren, Kompromisse geschlossen haben, die Sie lieber gelassen hätten, im Nachhinein betrachtet?*

Die Kompromisse, die ich schließen musste, bedrücken mich nicht. Sie gehören zum politischen Geschäft. Wohl aber beschäftigt mich die Frage, ob es nicht möglich gewesen wäre, die eine oder andere Entscheidung besser und intensiver zu vermitteln, und zwar insbesondere der eigenen Klientel, also der SPD und den Gewerkschaften. Aber das war schon deshalb kaum möglich, weil wir angesichts der sich türmenden wirtschaftlichen Probleme mit der Agenda 2010 rasch handeln mussten. Hinzu kamen die enormen Belastungen durch die Außenpolitik, insbesondere durch den täglich eskalierenden Irak-Konflikt. Dieses Thema hat mich buchstäblich rund um die Uhr beschäftigt.

*Warum haben Sie die eigenen Leute mit Ihrer Botschaft nicht erreicht?*

Ein Politiker kommuniziert in erster Linie über die Medien, und die beobachten das, was er tut oder auch unterlässt, nun einmal mit kritischen Augen. Davon leben sie. Im Falle der Agenda wurde zunächst und vor allem berichtet, was tatsächlich oder vermeintlich noch ausstand, wo wir nicht weit genug oder wo wir zu weit gegangen waren. Außerdem funktioniert Kommunikation im politischen Geschäft nur dann, wenn die eigenen Leute mitziehen und nicht Stichwortgeber der öffentlichen Kritik sind. Bei den Parteien auf der Linken, und zu denen gehört die deutsche Sozialdemokratie nun einmal, ist es aber so, dass sie ihrem Anspruch, die Welt zu verbessern, nie gerecht werden können. So war das auch in diesem Fall.

*Sie machen sich lustig über die hehren Ideale der Sozialdemokratie.*

Ganz und gar nicht. Wegen dieser Werte bin ich in die SPD eingetreten. Ich sage nur: Diese Haltung ist gleichzeitig ein Hindernis für diejenigen, die sich hauptberuflich mit Politik beschäftigen. Wenn Sie wissen, dass eine Reform wie die Agenda nicht von vornherein auf Zustimmung im eigenen Lager trifft, dann können Sie sie nicht in einem Diskussionsprozess von unten nach oben durch- und umsetzen. Sonst wird der Entwurf zerredet, bis im schlimmsten Fall die Substanz verloren geht. Das ist die entscheidende Schwierigkeit: Wie kommunizieren Sie als handelnder Politiker gerade so viel, um die Mehrheit zu garantieren – aber nicht zu viel, um das Konzept nicht zu gefährden?

*Sind die Deutschen in ihrem Wohlstand besonders widerspenstig, wenn es an die Reform des Sozialstaates geht?*

Natürlich sind wir bei allen Unzulänglichkeiten eine wohlhabende Gesellschaft. Die Bürger erwarten daher vom Staat zu Recht, dass er sie in existenziellen Krisen, etwa bei Krankheit, nicht im Stich lässt, dass er die Armut bekämpft, dass er soziale Ungerechtigkeiten beseitigt oder doch nivelliert. Das Kunststück für die Politik besteht darin, mit diesen hohen, nicht selten zu hohen Erwartungen umzugehen und das Machbare gegen das Wünschenswerte oder Erhoffte abzuwägen. Das ist nicht immer populär und verlangt Mut, denn der Preis kann sehr hoch sein und im äußersten Fall den Verlust der Macht nach sich ziehen. Das habe ich immer gewusst. Die wirkliche Leistung unserer Reformpolitik besteht darin, diesen Mut aufgebracht und gezeigt zu haben, dass Deutschland reformierbar ist.

*War das Regieren zu Ihrer Zeit leichter? Damals gab es noch keine Wutbürger.*

Nur das Wort war noch nicht erfunden, die heute so genannten Wutbürger hat es schon immer gegeben. Die Proteste gegen die Agenda 2010 waren ja nicht von Pappe. Ich bin ja auch körperlich attackiert worden. Das Entscheidende für einen Politiker ist doch: Knicke ich vor den Protesten ein, auch wenn ich mein Projekt für sinnvoll, für notwendig halte? Oder folge ich meiner Überzeugung und riskiere damit, nicht wieder gewählt zu werden. Das ist doch der Kern von politischer Führung. Erst das Land, dann die Partei!

*Wie stehen Sie dann zu der Forderung nach mehr direkter Beteiligung der Bürger, die aus dem „Wutbürger"-Phänomen abgeleitet wurde?*

Ich denke schon, dass es an der Zeit ist, mehr direkte Demokratie auf Bundesebene zu ermöglichen. Aber man muss die Konsequenzen bedenken. Bei großen Infrastrukturprojekten mag eine Abstimmung sinnvoll sein. Aber sensible Themen wie die Flüchtlings- oder die Ausländerpolitik sind in der repräsentativen Demokratie besser aufgehoben.

*Die Schweiz, ein Vorbild an direkter Demokratie, lässt*
*sogar über Steuersätze das Volk abstimmen.*

Die Schweiz hat eine andere Tradition, einen anderen
Staatsaufbau, eine andere politische Kultur. Ich habe sehr
großen Respekt vor der Schweizer Demokratie, aber manche Befürworter direkter Demokratie in den eigenen Reihen möchte ich darauf hinweisen, dass die dortigen Volks-
abstimmungen nicht nur Fortschritte, sondern auch
gesellschaftlich konservierende, gelegentlich selbst rück-
wärtsgewandte Ergebnisse mit sich bringen.

*Eine populäre Forderung der Piratenpartei ist die nach*
*mehr Transparenz, als wäre dies das Allheilmittel gegen*
*jeglichen Missstand.*

Darin liegt ein Missverständnis: Bei staatlichem Handeln
ist Transparenz angebracht, aber im Privaten? Es geht niemanden etwas an, wie ein Politiker sein Privatleben organisiert. Auch in materiellen Dingen bin ich ein Gegner tota-
ler Transparenz.

*Ihr ehemaliger Innenminister Otto Schily hat lange, aber*
*erfolglos geklagt gegen die Offenlegung der Nebenverdiens-*
*te von Abgeordneten.*

Mit durchaus respektablen Gründen. Er ist als Rechtsanwalt seinen Mandanten gegenüber zum Stillschweigen
verpflichtet.

*Der Bürger hat ein Anrecht zu erfahren, wer seinen Ab-*
*geordneten – neben den Diäten – bezahlt, heißt das Ar-*
*gument für die Offenlegung.*

Ein Mittelständler wird seine Umsätze oder seine Einkünf-
te nicht publik machen wollen, ein Anwalt auch nicht. Will
man wirklich, dass Vertreter dieser Berufe den Parlamenten
fernblieben? Ich will das nicht.

*Welche Rolle sehen Sie für sich in der deutschen Politik?*
*„Elder Statesman", „Gewissen der Nation"?*

Eine solche Rolle können Sie nicht anstreben. Sie kommt
auf sie zu oder auch nicht. Bevor Sie als ehemaliger Politiker darüber reflektieren, was die Welt im Innersten zusam-
menhält, brauchen Sie eine gewisse zeitliche Distanz zu
diesem Geschäft. Der Abstand muss so groß sein, dass
sich kaum noch jemand daran erinnert, wann genau Sie eigentlich Bundeskanzler gewesen sind. Und ob ich jemals in
den für diese Rolle erwarteten Stand der Weisheit eintreten
werde, weiß ich auch nicht. Da halte ich es mit Papst Johannes XXIII., der gesagt hat: „Mensch, nimm dich nicht
so wichtig."

*Machen Sie sich Gedanken über das Alter?*

Nein. Nicht weil ich das bewusst oder unbewusst verdrängen würde, sondern weil ich beruflich und privat ausgefüllt
bin.

*Früher haben Sie gelegentlich damit kokettiert, nicht zum Hausmann zu taugen.*

Als Hausmann würde ich mich auch nicht bezeichnen. Ich arbeite ja wieder als Anwalt und versuche, Beruf und Familie miteinander zu vereinbaren. Das gelingt mehr oder minder gut. Natürlich muss ich auch schon einmal einen Kompromiss machen und zum Beispiel einen interessanten beruflichen Termin absagen. Aber da geht es mir nicht anders als den allermeisten Menschen hierzulande.

*Was heute viele an der Politik stört, ist dieses ewige Klein-Klein. Keine Vision, keine große Erzählung.*

Die eine große Erzählung kann es auch gar nicht geben. Dafür ist die Welt schlicht zu komplex. Es sei denn, Sie heben auf die Vision einer vollkommenen Gesellschaft ab, aber dazu würde ich nicht raten. Wohin das führt, hat das kommunistische Experiment gezeigt. Wo immer es unternommen worden ist, wurde ein hoher, ein zu hoher Preis gezahlt – und gescheitert ist es stets und überall. Da ziehe ich eine Politik vor, die sich der Mühe der Ebene stellt, so wie das alle Bundesregierungen seit dem Zweiten Weltkrieg getan haben. Die weltanschauliche und politische, die wirtschaftliche oder auch die militärische Integration in den Westen, später dann die Aussöhnung und Verständigung mit unseren östlichen Nachbarn – das waren, wenn Sie so wollen, Erzählungen. Große, visionäre Erzählungen. Denn wer hätte es nach dem, was dieses Deutschland in der ersten Hälfte des 20. Jahrhunderts angerichtet hat, für möglich gehalten, dass die Bonner Republik und später dann das vereinigte Deutschland so bald wieder ein allseits respektierter Partner in der Welt sein würden? Dieser Öffnung nach außen entsprach die Öffnung im Innern. Und auch sie war natürlich über weite Strecken ein mühsamer Gang durch die Ebene – aber unter diesen Umständen eben auch eine große Erzählung: Die Öffnung, Emanzipation und Modernisierung der Gesellschaft und ihre Ausrichtung auf die neuen Herausforderungen einer globalisierten Welt, für die ich als Kanzler gekämpft habe, gehören zu dieser Erzählung, sind Teil dieser Erfolgsgeschichte.

*Und was bleibt als Ihre persönliche Erzählung? Die Geschichte vom Aufstieg eines Jungen, der es von ganz unten hoch schafft ins Kanzleramt?*

Meine Geschichte habe ich in meinen Lebenserinnerungen erzählt. Das ist die sehr persönliche Sicht der Dinge. Den objektiven Bericht meines Lebens will ich denen überlassen, deren Beruf es ist, Lebenswege nachzuzeichnen. Ohne den Historikern vorgreifen zu wollen, will ich aber doch feststellen, dass mein Lebensweg ohne die Chancen, die mir diese Gesellschaft geboten hat, nicht vorstellbar ist. Ich sage das mit großer Dankbarkeit, aber auch in der Sorge, dass diese Möglichkeit Menschen mit einem ähnlichen sozialen Hintergrund wie dem meinen heute kaum mehr offensteht. Ich habe sehr früh gelernt, dass der alte Spruch der Arbeiterbewegung „Wissen ist Macht" nichts anderes ist als eine Aufforderung, sich dieses Wissen anzueignen. Ob mir das unter anderen Umständen als den spezifischen der Nachkriegszeit möglich gewesen wäre, ist zweifelhaft. Für einen Moment musste die Gesellschaft, in deren Reihen der Krieg riesige Schneisen geschlagen hatte, auch denen eine Chance auf Bildung geben, denen bislang so gut wie nie eine Tür zum Wissen und damit zur Macht offenstand. Diese Zeiten sind offenbar vorbei. Ich glaube nicht, dass eine Karriere wie die meine heute noch einmal möglich wäre. Und das bedaure ich.

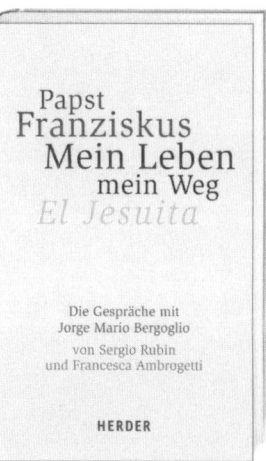